昭和と師弟愛

植木等と歩いた43年

小松政夫

◎目次

❖幕前の口上❖　昭和と同時に始まった人生　6

≡一部≡　黄金時代　9

❖1幕❖　宴会王とセールスマン　10

植木等の後光
豪邸暮らしから、どん底へ
半世紀前、花の東京で
職を転々
モーレツ部長の熱烈スカウト
「のぼせもん」のセールスマン
横浜のビアホールの指定席
テレビ黎明期
社会現象としての植木等
引っ張りだこの宴会部長
運命の三行広告

❖2幕❖　ボーヤと運転手　32

目の回る日々
一流のミュージシャンぞろい
クレージーな人気
オリンピックに潜り込む

インドオオコウモリの鑑賞
『シャボン玉ホリデー』の舞台裏
『シャボン玉』のスタッフとメンバー
ポーカーで13億8０００万円負けた話
下戸の親父さんが注ぐ酒
門前のボーヤ、気を失う
信号を無視
藤吉郎よりも
親父さんの靴をならす
子として叱られる

❖3幕❖ スタントマンと役者 61

僕の役者志望を知らなかった親父さん
雲上人たちのゴルフ場でのお披露目
１杯のかけそばと天丼とかつ丼
出演が増える
「知らないっ、知らないっ、知らないっ」
役がつく
すべってウケる
小松の名の由来
鶴田浩二さんの言葉
台本を奪い合う
若手の悪乗り
赤フンドシ姿の子供が出て来るまで
バイクのスタントに命を張る
クレージー映画
映画に抜擢される
緊張の前説
舞台の犬の落とし物
独立
焼肉と背広
クレージーの黄金期

❖幕間❖ 豪華絢爛の披露宴 106

≡ 二部 ≡ 灯　109

❖1幕❖　マネと学び　110

音楽プロダクションの俳優
はじめてのテレビレギュラー
悪夢のごとき舞台
起死回生
親父さんにたしなめられ、認められる
ご本人に遭遇する
『シャボン玉』、消える
伊東四朗さんとのコンビ
『笑って！ 笑って!!60分』の小松の親分さん

電線音頭
「ねえ、おせ〜て」
マンザイブームへ
ハチャメチャなコントに真剣に取り組む
かくし芸の応援
バラエティと喜劇
コメディとキワモノ
実の父のこと
観察眼を褒められる

❖2幕❖　素と役　155

『前略おふくろ様』
シリアスとリアル
ひとり芝居
ふたり芝居

仕方話の達人
演じ手の人間性
「勢い、勢い！」
石部金吉

『スーダラ節』への抵抗感
親父さんの親父さん
親父さんの歌のうまさ
当たり役と役者
渡辺プロダクションを離れたとき

❖3幕❖ 師と弟子 187

師の灯
天下の植木等が
「通りかかりましたー」
俳優としての植木等
伝説の『スーダラ伝説』
無責任男、復活
六方拝
久しぶりの競演
のれん分け
仕事ぶりで教える
素顔
弔辞
お呼びでない？
僕をどう見ていたか
遺作

❖幕引きの挨拶❖ 親父の名字で生きてます 220

幕前の口上

昭和と同時に始まった人生

東京近郊の緑に包まれた墓苑で植木等さんは静かな眠りについています。この本をまとめたことを、ご報告にあがったとき、改めてその存在の大きさを思いました。

若いころ、僕が運転手兼付き人として仕えたのが植木等です。この不世出の芸能人が存在しなければ、その後の日本芸能史はかなり変わったものになっていたはずです。ハナ肇とクレージーキャッツのあそこまでの爆発的な人気はなかったでしょう。その後を継ぐように登場したザ・ドリフターズも違う形になっていたかもしれない。平成の時代に国民的な人気を博したアイドルグループのＳＭＡＰも当初、「平成のクレージーキャッツ」という言われ方をしたかと記憶しています。

ましてや、この小松政夫は芸能人になっていたかさえわかりません。

どこかで聞いた話ですが、人間、25歳までに知り合った人、経験したこと、学んだことが人生を決めるんだそうです。僕は、22歳で植木等さんの付き人兼運転手となり、26歳でひとり立ちして、タレントとして正式にデビューしました。植木等さんのもとにいた3年10カ月はかけがえのない日々です。月謝を払って学校で演劇を勉強するより、ずっと多くのことを深く学んだと思っています。技術論ではなく、師の生きざまを間近で見られたことが、大切な人生の糧になりました。


近ごろは、会社の上司と部下の関係が昔と様変わりしたと聞きます。会社の飲み会に出ない。上司の食事の誘いを断る。

それが世の流れというものなんでしょうか？　古臭いと思われるかもしれないけれど、師と弟子という人間関係も素晴らしいもんですよ、僕はそう声を大にして言いたいのです。

お笑いを学校のカリキュラムで学ぶ。それはそれで合理的かもしれない。それでも、師弟関係から得られるものは限りなく大きいもんです。芸だけでなく、人格形成にも影響を及ぼします。そして師弟関係は生涯を通して続くこともあります。

植木等さんと僕の関係がまさにそれでした。僕も齢《よわい》を重ねるうち、世の中には、こんなに温かい人間関係がある。そのことを伝えておきたいと思うようになりました。

それだけでなく、植木等さん自身は、いたってマジメな人物でしたが、その周辺では、色々な珍事が続発しました。こうした逸話をこのまま埋もれさせてしまうのも惜しい。何より世間の人に「無責任男」として知られている植木等さんのすばらしい人間性や真の姿を知って欲しい。

植木等さんは大正天皇が崩御された日に生まれました。昭和が始まると同時にその人生が始まったわけです。それだけでも何か特別な役割を担って生まれたきた人間のような気がしてなりません。

昭和の御代はますます遠くなりましたが、日本が輝いていたあのころのこと、そして日本中を魅了した植木等のことを、誰よりも近くにいた人間として、本の形にしておくことにしました。

師と弟子、人と人の関係、芸事のことについて、何か少しでもお役に立てば、弟子のひとりとして望外の喜びです。

一部

黄金時代

❖1幕❖ 宴会王とセールスマン

植木等の後光

植木等さんに初めてお会いしたときの光景は、まるで昨日のようにありありと思い出せます。運転手兼付き人になることが決まり、ご挨拶にうかがったのは、都内の大病院でした。植木さんは昭和39年の正月休みが明けてから、映画『無責任遊侠伝 出たとこ勝負』のロケのため、香港・マカオに行ったのですが、撮影中に倒れてしまい、ウイルス性肝炎と診断され、撮影を中断して入院されていたんです。それまでは、風邪もひかない、腹もこわさないという健康体で、生まれて初めて入院されたといいます。

病室をノックして、おずおずとドアを開ける。

その人は、あったかそうな薄いグリーンとグレーの縦のストライプのガウンを着て、ベッドの背もたれに身を起こしていました。後ろに窓がありました。その日は曇っていたんですが、どういうわけか、頭のあたりだけ逆光になっていて、後光がさしてるように見えたんです。顔の輪郭が明るくぼやけている。まるでオーラをブアーッと放っているような、なんとも不思議な姿でした。

僕は、そのオーラの源に向かって、ドギマギしながら、深々と頭を下げました。「お休みのところ、失礼します」

「植木です」

その声に意表を突かれました。テレビのときとはトーンがまるで違うんです。僕がよく知ってる「へへっ、お呼びでない？　こりゃまた失礼しました」という底抜けに明るいあの声じゃない。それより2オクターブは低いのではないか、という低音だったんです。

その美声で、ゆっくり、「君が松崎雅臣君だね」と僕の本名を言う。

「はい、よろしくお願いします」

声だけでなく、表情も落ち着いた大人の男性です。顔立ちは想像以上にハンサムでした。ああ、これが植木等の素顔なのか……。

それから言葉を交わしましたが、大スターなのに尊大な感じっていうのがまるでありません。

「さっそく働いてもらうけど、俺のことを何て呼ぶ?」

「あ、いや、うーん……先生、でしょうか」

「おいおい、先生なんて呼ばないでくれよ」

そこで思い切って、「お、お、親父さんって、お呼びしてもよろしいでしょうか?」

すると、植木さんは右手をサッと突き出して、「それ、いこう」

はい、それまでョ、のポーズです。

うわっ、やっぱり、本物の植木等だ。そこで初めて目の前にいるのが誰かはっきり認識できました。

この後、植木さんは僕の人生を決めるひと言を発しました。

「君は、お父さんを早く亡くされたそうだね」

「はい」

「これからは俺を父親と思えばいい」

この言葉を耳にした瞬間、体中がジーンとしびれました。そして、僕は生涯この人について行こう。そう決めていたんです。

豪邸暮らしから、どん底へ

植木等さんの付き人になるまでは紆余曲折がありました。だいぶ回り道をしたような気がしますが、若いころの経験は、考えてみれば、何もかも後の仕事に役立っています。

自分で言ってしまいますが、幼いころ、僕は裕福な家庭で育ちました。

家があったのは、博多の町のど真ん中、鐘紡福岡工場、今のキャナルシティ博多の近く、櫛田神社の隣でした。

父親は地元の紳士録に載るような名士で、女学校で栄養学を教える教育者でもありました。丸いメガネにチョビ髭、英国製の背広をりゅうと着こなした紳士です。

家は4階建て。1階は菓子屋で、2階に居間兼食堂がありました。その2階の窓から、神社裏の広場が見えるんですが、そこでよく実演販売をしていました。バナナの叩き売り、蛇の薬売り、居合術などなど。子供の記憶力はいいですから、テンポのいい、おもしろい口上に夢中になっているうち、知らぬ間に暗記してしまいます。
覚えると、誰かに披露したくなるものです。そこでたまに2階の広間に同級生や仲間を集め、ひとり芝居や今でいう一発芸を見せたりしていました。僕の本名は雅臣だから、「雅坊演芸会」と題し、ガリ版で入場券や招待券をこさえる。これを持ってくれば、僕の芸を見せてあげるし、1階の店で売っているお菓子もつけてあげる。そんな興行をしていました。これが僕の芸の原点です。

楽しくて、何不自由のない生活を送っていたのですが、いきなり、どん底まで叩き落とされることになります。

僕が中学1年のとき、父親が急に死んでしまい、家を建てた借金だけが残ったんです。それから家計はじり貧で、家も売り払い、気がつけば、家族6人、6畳と4畳半、共同便所の小さなアパートで生活するようになっていました。

僕は、博多銘菓の石村萬盛堂さんでアルバイトをして生計を支えました。福岡県立福岡高等学校の定時制に進学したのですが、家の事情を考えれば、大学には行けそうもありません。

思い切ってひと足先に横浜に移り住んだ兄を頼って上京することにしました。

心の中には、役者になりたい、という気持ちがありました。みんなが楽しそうに笑い、大喜びしてくれた「雅坊演芸会」のようなことを仕事にしてみたい。胸には、そんな気持ちがありました。

半世紀前、花の東京で

俳優になろうと一念発起、上京したのは昭和36年、もう半世紀以上前のことになります。

まずは博多でお世話になった石村萬盛堂さんが銀座に店を出していましたから、ここに挨拶に行こう、と地下鉄を銀座で降り、地上への階段をとんとんと上がる。

そこには花の都が広がっていました。ビルディングがドーンと立ち並び、着飾った人また人の波でごった返している。

▲植木氏の付き人を経て、ひとり立ちしたころ、お世話になった石村萬盛堂を訪ねた。2代目のご主人と奥様、お店の方々と撮影。

はあー、これが東京かあ！

博多こそが大都会と信じていた僕は、めまいを覚え、活気あふれる街に視線をキョロキョロとさまよわせました。このとき衝撃を受けたビルディングはそれでも今よりは低かったでしょうが、空は今より広々として、青かった印象が残っています。

東京は活気に満ちていました。前年に総理大臣になった池田勇人が、国民所得倍増計画をぶち上げ、日本が一丸となって高度経済成長期へ向けて突っ走りだした時代です。野球では巨人軍の長嶋茂雄選手が3年連続の首位打者に向けて活躍、大相撲では大鵬と柏戸が同時に横綱に昇進する。大衆文化も花盛り。歌謡曲なら、坂本九の『上を向いて歩こう』、村田英雄の『王将』がヒットする。

そして、こんな時代の熱気をさらに盛り立てているのが、ハナ肇とクレージーキャッツでした。この年の6月に放送が始まった日本テレビの『シャボン玉ホリデー』で、その人気は空前のものとなるんです。

職を転々

上京すると、さっそく俳優養成所の試験を受けました。2次試験まで通ったんですが、3次試験になったら、「次は入学金の4000円を用意してきてください」と告げられました。このときの僕の全財産は2200円です。足首をつかんで、逆さにして振ってもらっても、4000円なんて大金は出てきません。やむなく諦めることにしました。

弱りました。どうすれば役者になれるのか分からない。というより、どうやって生きて行こうか、それすら決まっていない。スゴスゴ故郷に戻るわけにもいきません。なにしろ、故郷の博多をあとにするさい、駅で親戚、友人一同に「ばんざーい、ばんざーい」って送り出されたばかりですから、帰るに帰れない。

しょうがない、何でもやって生きていこう。そう腹をくくって、色々なアルバイトをしました。寿司屋、横浜の中央市場のマグロ問屋、花屋、ケーキ屋、ハンコ屋、薬のセールスマンなどなど。

もともとヤンチャなところがあり、不安定な生活へのいらだちもあって、気がついたら、アロハを羽織ってバイクを乗り回し、カッとするとマグロの解体用の包丁を手にすごむようなアンちゃんになっていました。

このままではいけない。会社員になろうと一念発起し、新聞広告の求人に応募して、複写機メーカーのセールスマンの職を得ました。

モーレツ部長の熱烈スカウト

複写機の飛び込み営業をかけた先のひとつに、横浜トヨペット乗用車センターがありました。複写機を持参して「明日まで置いておきますんで、試しにどうぞ使ってください！」と言い、翌日も行って、「もう1日置いておきます。どうか使ってください」。それからも日参し、張り切って営業トークをしていました。

ふと気づくと、遠くの机から、僕を睨みつけている人がいます。まだそれほどの年齢には見えませんが、座っている席からして営業部長さんのようです。

毎日通ってセールストークを繰り広げていたんですが、1週間くらい経ったある日、僕を睨みつけていた営業部長らしきその人が、すっくと立ちあがり、ツカツカと歩み寄ってきました。

あんた、しつこいぞ！ と文句でも言われるのかな、と身を硬くしたら、その人、いきなり腕を振り上げて、「空手チョップだよ～ん」と僕の喉元に水平打ちをしてきたんです。一瞬たじろぎましたが、「わ、わわっ、私、シャープ兄弟じゃございませんよ」と切り返しました。

すると、その人はすごみのある顔に笑みを浮かべ、「ちょっと顔を貸せ」と有無を言わさず、僕を外に連れ出しました。連れて行かれたのが、山下町の横浜マリンタワーの下にあったレストランです。席に着くなり、「俺は、おまえが気に入った。事務機器なんぞ売ってないで、俺のとこに来てクルマを売れ」

スカウトというか、ほとんど業務命令です。どういうわけか、川上さんというその営業部長に惚れられたようです。

最初は断りました。「20万円の機械がなかなか売れないのに、僕に100万円近いクルマが売れるわけないですよ」

「いや、どうしてもうちに来てもらう。おまえはいい根性をしている。この俺の目に狂いはない」

3カ月間も口説かれ、しまいに「コピー機を2台買う。そして、おまえの上司に〝うちにくれ〟と頭を下げる」とまで言われて、強引に引っ張られたんです。

川上さんはまだ34歳の若さでしたが、モーレツ社員のハシリというか、モーレツ社員を極端にしたような人でした。50歳の係長をつかまえて、「何やってんだー」と電話の受話器でターンと殴る。「てめー、何考えてんだ!」と部下を怒るあまり、テーブルをこぶしで叩いて、自分の指の骨を4本も折ってしまう。

横浜トヨペットの名誉のために言っておきますが、今ならブラックな職場と言われそうでも、当時の日本の職場はどこもこんなものでした。

この川上部長が、セールスマン一人ひとりの能力をみて、それぞれにノルマを課すんです。

僕は入社早々、2台のノルマを言い渡されました。自家用車は庶民にとってはまだ高嶺の花ですから、1台売るのも大変です。それでも何とかクリアすると、しだいにノルマが増えていきました。

今なら家を1軒買うようなもんですから、購入された家では、納車が一大イベントです。クルマを納める前に、洗車係のおばさんが、ボディをキレイに洗ってくれるんですが、僕は人任せにできない性格なもんで、納車の日は早朝からパンツ一丁になって徹底的に洗い直し、セーム皮でピカピカに磨き上げる。これを午前中にお客様の家に届けます。

家族は総出でお出迎えです。近所からもたくさん人が集まり、「いや〜、マイカーですか」と拍手し、「旦那、やりましたな！」と肩を叩く。旦那さん、感極まって涙ぐんでいる。

それから、どこかに傷でもないか、家族全員でクルマの周りをぐるぐる回り、ボディに穴が開くほど観察する。この後、たいてい試乗しようということになり、僕がハンドルを握って鎌倉や箱根までドライブする。

帰宅して、契約書にハンコを押してもらい、は〜ようやく帰れる……と思ったら、神主さんがやって来て、御祓いが始まる。さあ、今度こそ帰れる、と腰を上げると、奥さんが「お赤飯炊けたから、食べて行って」

「のぼせもん」のセールスマン

いったん何かに熱中すると、他のものはなにも目に入らないくらい夢中になる。

こういう男を、博多の言葉で「のぼせもん」と言います。もとは櫛田神社で毎年7月に行われる博多祇園山笠に夢中になる男を指す言葉です。清めの水を浴びた男たちが1トンもある山笠を担ぎ、速さを競って町を全力疾走する。この勇壮な神事が近づくとそわそわしだし、期間中は他のことを放り出して熱中する男たちのことです。

博多の総鎮守、櫛田神社の隣で育った僕は、掛け値なしの「のぼせもん」です。横浜トヨペットに入社すると、持ち前の負けん気に火がつき、1台でも多く売ってやろう、とセールスにのめり込みました。

火の玉のようにモーレツな川上営業部長のもと、営業マンはみんな明るく、元気に、知恵と体力を駆使して頑張ってました。職場には、博多の露店の実演販売が可愛らしく見えるような売り方をするツワモノもそろっていました。

僕も土日も休まず働きました。自分で言うのもなんですが、口八丁でしたから、よく売れました。自動車教習所に掛け合い、そこの受講者に免許を5日で取得させるという手はずを整え、まだ免許のない人までクルマを買わせちゃう。あるいは「今月中にもう1台、契約をとれ」と、月末の午後10時に川上部長に命令され、お得意さんの家に夜中に押し掛けてハンコを押してもらったこともあります。そこまでやるもんだから、好成績でした。「今月6台売ってこい」と言われたとき、22台売ったこともあります。

羽振りもよかった。大学卒の初任給が2万円ちょっとで、ラーメン1杯40円かそこら、そんな時代に月に10万円じゃききません。もっと稼いでいました。

その販売店には、報奨制度があって、ノルマが課せられますが、ノルマを達成すると、そこからは1台売るごとに報酬金がつき、さらに10台売れば、真珠のネックレスやら腕時計やら豪華商品までもらえます。

若さもあって派手に使ったから、あまり貯金はできませんでしたが、それより大事な財産を築けました。クルマのセールスマン時代に出会った上司や先輩、同僚などの個性的な面々が後に僕のギャグの礎になったんです。

横浜のビアホールの指定席

セールスマンの僕にとって、大切な娯楽がテレビでした。平日はわき目もふらず、猛烈に働く。待ちに待った日曜日には、横浜駅の地下のガード下にあったビアホールに向かいます。そこには大きなカラーテレビがあったんです。支配人にチップをはずみ、テレビ画面の最前列に専用の席を確保していました。

居心地のいいソファに身をゆだねて、ビールを片手に午後6時を待ちます。

6時、藤田まことや白木みのるが出演していたTBSの『てなもんや三度笠』が始まる。

「俺がこんなに強いのも、あたり前田のクラッカー」

これが終わると、6時半から、いよいよ『シャボン玉ホリデー』です。

ザ・ピーナッツ、クレージーキャッツなどの人気者が歌と踊り、コントを繰り広げる。

中でもクレージーキャッツの植木等が大好きでした。

ハナ肇が演じる老人が布団の上で、ザ・ピーナッツのふたりに、おかゆを食べさせてもらっている。

「すまねえな、俺がこんな体じゃなかったら……」

「それは言わない約束でしょ」

そこに場違いな恰好の植木等が現れ、しばらく場違いなことをしてから、ふと気づいて、

「お呼びでない？　こりゃまた失礼しました！」

絶妙なタイミングで植木等の決め台詞が飛び出すと、ソファにふんぞり返っていた僕は、毎回、片手のビールをこぼしそうになりながら、腹を抱えて笑っていました。

テレビ黎明期

僕が生まれて初めてテレビを目にしたのは、博多にいたころ、友達の家でした。

日本でテレビの本放送が始まったのが昭和28年です。出始めたころのテレビ受像機はほとんどサラリーマンの年収分という、目玉が飛び出すような高額商品でしたから、買おう、という太っ腹な人はめったにいない。しかし、民間放送は広告収入が頼りですから、何とか多くの人に番組を観てもらおうというので、日本テレビの正力松太郎さんが一計を案じて始めたのが、街頭テレビです。これが当たって、力道山のプロレスや大相撲が放送されると、黒山の人だかり。間もなくテレビが量産されるようになり、価格も安くなり、家庭に普及して、日本人の娯楽の中心になります。

日本テレビ、TBSに続いて昭和34年に開局したフジテレビが始めたのが、クレージーキャッツの初レギュラー番組『おとなの漫画』でした。平日昼の番組で、時事的なことを扱うコントをやっていました。

この番組で異彩を放っていたのが植木等です。いつも、おかしな男、いいかげんな男を演じていて、僕は何だか気になっていました。番組のエンディングは、植木等が「ちょうど時間となりました。ああ、こりゃシャクだったな」と歌う。これが流行語になります。この番組の作家として永六輔さんがいて、その後を継いだのが青島幸男さんだったことを僕が知るのは後々のことです。

『おとなの漫画』で人気を獲得したクレージーキャッツの新番組としてNHKのドラマ『若い季節』が昭和36年4月に始まります。淡路恵子演じる化粧品会社の社長の下で働く宣伝部員がクレージーキャッツでした。

そして、この年の6月に日本テレビで始まったのが、長く語り継がれることになる伝説のバラエティ番組『シャボン玉ホリデー』です。この番組で、クレージーキャッツの人気に本格的に火がついたんです。

社会現象としての植木等

クレージーキャッツの結成は昭和30年です。はじめキューバン・キャッツというバンド名で活動を始め、進駐軍のキャンプ回りをしていたとき、演奏中、洗面器で頭を叩くギャグがウケて、「ユーアークレージー！」と言われたことから、「クレージーキャッツ」に改名したといいます。

クレージーキャッツ、その人気はそりゃもう絶大でした。『スーダラ節』『五万節』『ハイそれまでヨ』、出す歌、出す歌、みんな大ヒット。映画シリーズも当たる。

とくに植木等の人気は尋常ではありません。国民的な大スターというより、社会現象でした。

なんといっても、世間の人に衝撃をもたらしたのが、昭和37年の映画『ニッポン無責任時代』(東宝)の主人公、平均《たいらひとし》です。それまでの日本人の価値観を根底から崩すような人物です。謙虚さなんて微塵もない。どんな状況でも自信たっぷり。目的のためなら、手段を問わず、何でもやる。とんとん拍子に出世して、美女たちにはモテモテ。

決め台詞が「コツコツやるやつぁ、ごくろうさん!」

日本人としての伝統的な価値観、つまり、自らの欲望を抑えつけ、耐え忍び、利他的に生きる。そんな美徳とされていたことと真逆の行動をとる新しいヒーローに人々は熱狂しました。

戦中、戦後の耐乏生活をどうにか切り抜け、目の前に明るい未来がようやく開けた時代、戦後の焼け跡から立ち上がり、懸命に働き、高度経済成長に向けて突っ走って行こうとする日本人を、真っ青な空に輝く太陽のごとき底抜けの明るさで照らした男。それが植木等でした。

引っ張りだこの宴会部長

僕もまた、太陽のごとき植木等にエネルギーをもらった多くのサラリーマンのひとりでした。日曜日に『シャボン玉ホリデー』で大笑いして、平日は再びセールスに邁進します。営業成績はトップクラスです。それだけでなく、お客さんとのセールストークや会社内での上司との丁々発止のやりとりで、僕は職場の人気者になりました。

ノルマは、個々のセールスマンだけでなく、チームにも課せられていました。これを達成するとチームに報奨金が出ます。これを手にしたら、チームの7、8人で宴会をするのが恒例になりました。最初は横浜のナイトクラブあたりでやっていましたが、そのうち、伊豆の湯河原あたりの温泉まで遠征するようになります。達成感と解放感から、もう大変。飲めや歌えのドンチャン騒ぎです。

盛り上げ役を買って出るのが僕です。芸の引き出しならたくさんあります。浪曲、都々逸、蛇の薬の口上、モノマネなどなど。

仲間はみんな大爆笑、やんやと盛り上がる。

最初は芸者をあげていましたが、そのうち、僕の宴会芸のほうがいい、ということになりました。

やがて自分のチームだけでなく、ほかのチームからもお呼びがかかるようになり、さらに社内全体に「横浜にはおもしろい男がいるぞ」という話が広まりました。

事業所の慰安会などは僕の独擅場です。やがて他の営業所の慰安会にも引っ張り出されるようになりました。各営業所から人が集まる横浜トヨペットの総決起大会となれば、バンドの仕込みから司会まで僕がひとりで仕切ることに。

しまいには、僕のノルマは仲間が回してくれるようになり、僕はセールス活動を休み、新宿まで出かけて行って、末廣亭に居座り、プロの演芸を鑑賞しながらメモを取って、宴会のネタを仕込むまでになりました。研究熱心といえば、聞こえはいいですが、はたと考えると、何が本業か、自分でも分からなくなってきます。

同僚から「あんた、道を誤ったな。テレビにでも出たほうがいいんじゃないか？」

真顔でそんなことを言われると、やっぱり役者になるべきだったかな、なんて気持ちがもたげてくる。

そんなとき、突然、運命の転機が訪れるんです。

運命の三行広告

昭和38年も押し迫ったある日のこと、会社の休憩時間に芸能週刊誌を眺めていたとき、小さい囲みの三行広告が目に飛び込んできました。クレージーキャッツに『めんどうみたよ』という曲がありますが、そのパロディです。

「植木等の付き人兼運転手募集。やる気があるなら、めんどうみるョ～～」


これだ！

見渡す限りの大草原で、たった1本だけある四葉のクローバーがピッと立っているのを発見したような気分です。さっそく応募書類をしたためました。

書類審査を通過し、昭和39年1月10日の面接試験の日を迎えます。しかし、困ったことになりました。面接会場は東京の有楽町の三信ビル、時間は午後5時と指示されていたんですが、仕事の都合で間に合いそうもないのです。上司が運転してくれるクルマで急行しながら、公衆電話ボックスを見つけて飛び込み、電話でそのことを伝えました。「申し訳ありません。仕事がありまして、どうしても5時にはいけません」

「では、終わっているかもしれませんが、面接だけはしましょう」

書類選考の段階では600人が応募してきたそうです。

見事、採用されました。天にも昇る気持ちです。

後日、聞いた話では、僕で即決だったそうです。クルマのセールスの仕事で、お医者さんとか、弁護士さんを相手にしていましたから、年のわりに話し方がしっかりしていて、身なりも小ぎれいだったのがよかったとか。

あのモーレツな川上部長に報告しました。

こっぴどく怒鳴られ、今度は本気の空手チョップをかまされるかと覚悟していましたが、「何っ！ 役者になりたいだ？」と大声を上げてから、急におだやかな表情を浮かべて「君に向いていると思うよ」と優しく送り出してくれました。

❖２幕❖　ボーヤと運転手

目の回る日々

　こうして大スター植木等を親父さんとしての運転手兼付き人の生活が始まりました。

　当初は、親父さんが入院する病院に泊まり込んで、植木家のご家族の送り迎え、あるいは見舞いに来られた方々にお茶を出すといったことが主な仕事でした。

　私生活の植木等さんは、ダンディで、ハンサムで、おしゃれでした。ヘアスタイルも病気で入院中だったら、クシャクシャになってるのが普通でしょうが、つねにピシーッ、としていないと気がすまない。僕がついてるときは、櫛でちゃんと後ろまでとかしてさしあげていました。

　そのうち体調が戻って、退院されたんですが、その後もしばらくはご自宅で静養されていました。

親父さんの家には、築山のある大きな庭がありました。僕は、親父さんの指示に従い、樹を植え替えたり、石を動かしたり。そうこうするうち、親父さんは元気を取り戻して、5月には、撮影を中断していた映画『無責任遊侠伝』の仕事を再開します。

ある程度、覚悟はしていましたが、親父さんの忙しさは想像を絶するものでした。体調を崩して、ぶっ倒れるのも無理はありません。前年の昭和38年、クレージーキャッツは多くの映画を撮り、テレビのレギュラーに舞台、さらに地方公演もこなしていたんですから。

この年も同じようなスケジュールです。超の字がいくつか付くくらいの売れっ子なので、一緒に動き回る運転手兼付き人も目が回るほど忙しい。月曜日、火曜日は徹夜で働き、水曜日はどうにか4時間寝られた。木曜日は3時間。金曜日はまた徹夜、土曜日は4時間くらい寝られた。そんなペースです。1週間のトータルで10時間寝られれば御の字、1週間で12時間なら、今週はだいぶ寝られたな、というくらいの生活でした。

それに給料も激減です。クルマのセールスマン時代は月に10万円は稼いでいましたが、月収7000円。当時、住んでいた6畳一間のアパートの家賃が6000円でしたから、これを払うと、1000円しか残らない。それでも、つねに親父さんのそばにいましたから、食事代は出してもらえたし、遊ぶ時間もほとんどないから、給料が激減してもやっていけました。

クルマのセールスを始めたころは、命じられたノルマを果たすためには、それこそ寝食忘れ、血反吐を吐くか、というほど働かなきゃいけませんでした。これがトラウマになっていたらしく、親父さんの付き人になってから3、4年経ったころでさえ、夜中に目が覚め、「ノルマー！」と叫ぶこともありました。

付き人としての生活は、これに劣らず、というか、肉体的にはより大変でした。ただし、精神的には苦労の「苦」の字もありません。苦労どころか、あの植木等のそばにいられると思うだけで、どんなに忙しくても、ヘッチャラでした。まったく辛くない。それどころか、楽しくて、楽しくて。こんなに楽しい生活はほかにはありえない！　という毎日だったんです。

一流のミュージシャンぞろい

後に、親父さんが、クレージーキャッツとザ・ドリフターズの違いについて、「ザ・ドリフターズはリーダーのいかりや長介だけが大人で、クレージーキャッツはリーダーのハナ肇だけが子供だった」と語っています。

確かにリーダーのハナ肇さんは、まさに子供っぽいところがあって、本当におもしろい人でした。

最初にご挨拶したのは、『シャボン玉ホリデー』の収録の後でした。「植木さんの付き人と運転手をやらせていただきます松崎雅臣です」

「おう、聞いてるよ」

ハナ肇さんは、そう言ってから、僕に向かって「ちょっとこっち来い」と部屋の隅に誘い、ドスを利かせた小声で、「あのなあ、おまえは植木のとこの若い衆かもしれんけどな、俺がクレージーキャッツを束ねてるんだ、そのことを忘れるなよ」

新入りに気合を入れようとされたんでしょうが、こっちは目の前に、あのハナ肇さんがいるというので、それどころじゃありません。

芸名の由来は、興奮すると鼻の穴が広くことから。

憎めないガキ大将がそのまま成人したみたいな人でしたが、天性のリーダーシップがあり、コメディアンとして、そしてミュージシャンとしての実力を兼ね備えていました。

クレージーキャッツは一流のミュージシャンぞろいですから、コントだけじゃなく、素人の僕が聴いても演奏がすごかった。

ドラムスのハナ肇さんがバンドマスター。

谷啓さんは中央大学を中退してミュージシャンになった人で、トロンボーン奏者としてジャズ専門誌の人気投票で上位に入る実力者でした。「谷啓」という芸名は、アメリカのコメディアン、ダニー・ケイから。

犬塚弘さんは日本フィルハーモニー交響楽団の指揮者に個人レッスンを受けたベーシストで、モダンジャズに熱中してバンドマンに転身した人です。

テナーサックスの安田伸さんは東京藝術大学を出ています。

石橋エータローさんは尺八の名手の子として生まれ、東洋音楽学校（現在の東京音楽大学）で声楽を学び、ジャズピアニストに夢中になった人です。

桜井センリさんもすご腕のピアニストです。ロンドン生まれで、本名のヘンリーをセンリに改めたという人で、一時期、石橋さんのピンチヒッターとしてメンバーになったけれど、復帰後もそのまま残ったので、クレージーキャッツは、ダブルピアノという珍しいスタイルのバンドになりました。

そして、親父さんが、ボーカルとギター。歌手としてもギタリストとしても本格的な実力を備えていました。

こうした腕利きぞろいのメンバーがやっているのが、アメリカのコメディのような、リズム感のある、センスのいいコントでした。

クレージーな人気

僕はもうかれこれ半世紀ほど芸能界にいますけど、つらつら振り返ってみても、往年のクレージーキャッツに比べられる人気者は思い浮かびません。

ファンの数がすごいのは言うまでもありませんが、たんに数が多いだけでなく、ファン層がやたらに広かった。特定の年代の人たちだけが「キャーキャー」言うタレントとはわけが違います。ハイブローと呼ばれるインテリ層、大学生や高校生、中学生、おじいちゃん、おばあちゃん、物心つくかつかないかの子供まで、それこそ日本国民がこぞって大好きという存在でした。

どれだけの人気だったか、エピソードをひとつ披露しましょう。

クレージーキャッツが「喜劇と音楽の殿堂」といわれた有楽町の日劇のショーに出演したときのことです。公演は毎日午後8時半に終演するのですが、毎回毎回、何千という群衆が1カ所しかない楽屋の出口に殺到してしまい、少なくとも10時までは人垣がなくなりません。こんなところにノコノコ出て行けば、パニックになるのは目に見えているから、メンバーは帰るに帰れない。群衆が諦めて帰路につくまで、楽屋に缶詰めになって、その日の反省会などをしている。

そろそろかな、というタイミングになると、僕が外の様子をうかがうため、斥候に出る。

「行けそうです。突破しましょう！」

先陣を切って僕がクルマに向かう。待ち構えている群衆が「出てきた！」と、気づいてクルマ目がけて突進してくる。僕は圧力に抗しながら、満員電車の乗客をさばく駅員さながら、「どいてください、どいて、どいて！　どいて！」と押し分け、通路を確保して、群衆にもみくちゃにされているメンバーたちをどうにかクルマに乗せる。

ファンの様子は尋常ではありません。群集心理で興奮しきっているんです。その様は不安を覚えるほどでした。興奮のあまり、メンバーに近づくのをジャマしている僕をナイフで刺そうとする輩が出るのではないか、という感じ。刺すなら腹は止めて欲しいな、せめて太ももにしてくれないかな……などと考えながら、公演の間、毎晩この作業をしていました。

オリンピックに潜り込む

付き人になって仰天したのが、当たり前ですが、親父さんのとてつもない人脈と大物ぶりでした。

昭和39年10月10日、東京オリンピックの開会式に招かれた親父さんを国立競技場にお送りしたときも、親父さんの大物ぶりにたまげました。

国立競技場に送り届けて、終わるまでクルマで待つつもりだったら、「おい、一緒に来いよ」と言われ、ついていくと、親父さんは係の人に向かって、「うちの若い者の席はありますか？」

たちまち用意してもらい、名士が居並ぶ特等席で、若造が世紀の祭典を拝見することに。

東京オリンピックの開催期間中、日本中が感動に酔いしれましたが、クレージーキャッツのメンバーの中で、とくに興奮していたのが谷啓さんです。テレビ番組の収録など、仕事の合間に、「こんなことやってる場合じゃない。日本は今、オリンピックだよ」と口癖のように言っていました。

谷さんは、とりわけ重量挙げの三宅兄弟の活躍に感動していました。選手が滑り止めのために手に白い粉をつけるしぐさに憧れ、小麦粉か片栗粉か、何かの白い粉を皿に入れ、家のあちこちに置くようになりました。で、電話がかかってくると、その白い粉を手につけ、パッとはたき、目を閉じて神経を集中してから、サッと受話器を取る。

また、ある夜、仕事を終え、親父さんを後部座席に乗せ、わりと空いている甲州街道でクルマを走らせているとき、バックミラーに谷さんのクルマが映ったので、スピードを緩めて並んだら、運転席の谷さん、ハンドルに突っ伏して、クロールで泳ぐように腕をぐるぐる回しています。

親父さんは大笑いしながら、後部座席から顔を突き出し、「前畑がんばれ！　前畑がんばれ！　前畑がんばれ！」

インドオオコウモリの鑑賞

谷啓さんは、グループのブレーン的な存在でした。ご存じの通り、「およびでない」に並ぶものとして「ガチョン」というギャクがあります。由来には諸説あり、一般に知られているのは、麻雀のときの谷さんの口癖だった、という説ですが、実際には、カメラマンの手つきです。当時のテレビカメラは大きくて、ロングとアップを、ハンドルを回すことで調節していました。アップの画を撮るため、ハンドルを右に回す手つきを見て、つけた擬音が「ガチョン」です。

ガチョンの意味について、後年、ご本人は「真空の中から何かを取り出す手つき」などと怪しげなこじつけをして、人を煙に巻いていましたけど。あれは、サービス精神からひねり出した珍説でしょう。

谷啓さんは、人にものを頼まれると断れない性格でした。東宝の撮影所でインドオオコウモリを使い、撮影の後、処分に困ったことがあります。頼まれた谷啓さんが引き取り、家の中で巨大なコウモリを飼うことになりました。

さぞかし迷惑だろうな、と思っていたら、どっこいご機嫌で、「いつも逆さまにぶら下がっているオオコウモリ、あれはね、しょんべんをするとき、そのまますると自分の頭にかかるもんだから、くるりと体を回転させて、手でぶらさがる。その恰好がおもしろい」興味を持ったクレージーキャッツのメンバー全員が谷さんの家に押し掛け、目を離さずに何時間も観察しました。ようやく、クルリと体を反転させて、しょうべんをしたオオコウモリを見て、みんなで大喜びしたそうです。

『シャボン玉ホリデー』の舞台裏

クルマのセールスマンの時代、横浜のビアホールで楽しく観ていた『シャボン玉ホリデー』でしたが、製作現場は想像とかけ離れた厳しさがありました。

コントはエンディングのハナ肇さんとザ・ピーナッツのからみ以外、アドリブは一切なし。本番が始まると、今のようにスタッフがゲラゲラと笑うこともありません。それでも、植木等の「およびでない。こりゃまた失礼しました」が決まると、笑いを我慢するため、スタッフがスタジオの隅で体を丸め、くっ、くっ、くっ、と震えながら、笑いをこらえている姿をよく見かけました。

ミュージシャンの付き人を「ボーヤ」といいます。クレージーキャッツの7人のメンバー、それぞれにボーヤがついています。出演者も大変ですが、ついているボーヤもまた忙しい。30分番組でしたが、着替えが数回ありました。当時、ビデオテープができたばかりで、いちいち止めて後から編集することができないので、一度カメラを回し始めたら、30分そのまま回し続けることになります。あと残り5分というところで失敗してしまったら、頭から全部、撮り直さなければならない。当時は、とんでもなく高額だったビデオテープがパーになってしまいます。その緊張感たるや、並大抵ではありませんでした。

控室で台本をチェックするのもボーヤの仕事のひとつです。麹町の日本テレビのJスタジオのセットの隅にそれぞれの出演者のゴザを敷き、ボーヤたちが陣取り、着替えの手伝いの準備をしています。ひとつのシーンが終わると、次の着替えまで30秒しかないこともあります。

「ドライ」というカメラなしのリハーサルがあり、30分の休憩をはさんで、カメラリハーサル。60分の休憩をはさみ、本番と同じように進行する「ランスルー」というリハーサルを行うという流れです。

休憩の間、クレージーキャッツのメンバーの前で、ボーヤが芸をして間も持たせることがありました。ここで認められるのが第一関門ということで、みんな張り切ってモノマネをしたり、おもしろいことをしゃべったり。

僕も宴会芸を披露しましたが、これで認められて這い上がろうというより、そこにいる人たちに楽しんでもらいたいという気持ちが大きかったですね。

『シャボン玉』のスタッフとメンバー

演出の秋元近史さんは『シャボン玉ホリデー』という番組に心血を注いでいました。5分ほどのコントにもすさまじい気迫で取り組むんです。

コントひとつを練りに練る。6人ほどの構成作家にテーマを与えて、台本を書かせるんですが、生原稿を受け取るとその場で読み、おもしろくないとビリビリに引き裂く。こうして完成させた台本には自信を持っていました。

あるとき、ハナ肇さんが「これはおもしろくねえな」とつぶやいた。

秋元さんはバチンと台本を叩きつけ、「ハナちゃん、どれくらい苦労して、このホン作ったか、分かってるのか！　やってもみねえで、ガタガタぬかすんじゃねえよ！」

すごい迫力でした。

秋元さんは「こうしたら」という提案は受け入れても、「おもしろくない」と言われるのは耐えられなかったようです。

当時は、まだ30歳前後でしたから、クレージーキャッツのメンバーより若いんですが、コントとかバラエティが好きで好きでしょうがないのが伝わってくるから、メンバーのみなさんも信頼していました。

コントを書く作家もすごい顔ぶれです。青島幸男さん、河野洋さん。初期には野坂昭如さんや前田武彦さんもいたそうです。

撮影スタッフも力のあるプロぞろいでした。みんな、楽譜が読めて、何小節のどこでカメラがどうの、という詳細な打ち合わせをしていました。

レギュラーのザ・ピーナッツは、とにかく歌がうまい。毎週、新しい譜面を渡されますが、NGもなく見事に歌いきる。もともと上手なうえ、1本の番組を作るのに、数日かけて練習を重ね、リハーサルを繰り返し、曲を自分たちのものにしていました。

やがてザ・タイガースがレギュラーになると、テレビ局の周りが若い女性でいっぱいになりました。沢田研二さんは、若いうちから挨拶や言葉遣い、人との付き合い方が立派でしたね。

この大人気番組をスターのみなさんが彩りました。レギュラーとして出演したのは、伊東ゆかりさん、中尾ミエさん、園まりさん、布施明さん、玉川良一さん、藤村有弘さん、ダークダックス、スリーファンキーズ、ジャニーズ、ザ・タイガース、ジャッキー吉川とブルー・コメッツ、井上順さん。綺羅星のごとくです。

こうしたすごいスタッフや出演者が支えた『シャボン玉ホリデー』は600回を超える長寿番組になり、伝説のバラエティ番組として語り継がれることになったんです。

ポーカーで13億8000万円負けた話

親父さんの付き人になって、最初にロケに同行した映画が『ホラ吹き太閤記』でした。ロケ地は御殿場です。僕が運転するクルマで夜中に御殿場に入りましたが、翌日は朝から大雨です。ロケは1週間の予定でしたが、ずっと降り続け、結局、何も撮れずに東京に帰ることになりました。その間、宿で足止めになり、何もやることがない。

親父さんが突然、「ポーカーをやろう」と言い出しました。

「いくら賭ける?」

「では10円」

実際には金銭を賭けず、口頭で金額を言い、ノートにメモを取ることにしました。10円から始めた金額は1000円、1万円とだんだん大きくなり、3日、4日と続けるうち、ついにひと声100万円になっていました。

「さ、これで終わりにしよう」ということになったんですが、親父さんは帳面をしげしげと眺めている。

「おまえの負け、13億8000万円だぞ」

「ハハハハッ、いやあ、派手に負けましたね」

「これで、俺のとこで一生ただ働きだな」

まさか本気で言っているわけがないと思っていましたが、次の給料日に給料を手渡してくれない。一瞬ギクッとしましたが、「無駄遣いするといけないから、おまえの名義で通帳をこしらえておいた。少しずつ引き出しなさい」と通帳を渡されました。

芸能界には賭け事が好きな人が少なくありません。なかには身を持ち崩すほどのめり込む人もいます。僕に対する、変な色に染まるなよ、という戒めだったのでしょう。

ところが、若い僕は、親父さんの気持ちをきちんと受け止められませんでした。

その後、しばらくして僕のアパートに友人が集まり、花札をやることになりました。といっても賭けるのは100円単位のお遊びです。仲間に誘われるまま、断るのも何だな、と加わり、しばらくやっていると、親父さんの所から使いが来て呼ばれました。行くと、「すまないが、疲れたから、マッサージを頼むよ」

肩をもみながら、いい気分のまま、つい「今、オイチョカブで800円ばかり勝ったんですよ」

すると、親父さんの態度が急変しました。

「おまえ、芸能界を何だと思っているんだ。飲む、打つ、買うでおもしろおかしく暮らせると思ってるのか。そんな了見なら辞めてしまえ！」

「すみません！　もう二度としません」

「もういい、帰れ」

これで破門かな……。眠れないまま不安な一夜を過ごし、翌朝、おそるおそるご自宅にうかがうと、親父さんは険しい顔でしたが、「朝飯ができているから、食っていけ」

ときには父親の怖さで接してくれたからこそ、その後、僕は芸能界を真っすぐ歩めたと思います。僕はいまだにギャンブルが好きじゃありません。楽屋で賭け事に興じるようなことは一切ありません。

下戸の親父さんが注ぐ酒

博打の嫌いな親父さんはアルコールもダメ。下戸でした。それも甘酒どころか、奈良漬けで酩酊しかねないほどの。

「おまえはいいよな。俺と違って酒が飲めるから、一日のけじめが付くもんな。終わって夜中に帰ってきて、さあ、明日はゆっくりだ。ビールでもキューッと飲んで酔えたら、たまらないだろうな……。俺なんか、饅頭食って、お茶飲んでおしまいだよ。分かるか？」

酒に酔える人がよほど羨ましいのか、そんなことをよく言っていました。

僕が付き人になったのが昭和39年の1月1日ですから、出会ってから2カ月にもならないころ、2月25日のことです。親父さんから「今日は俺の誕生日だ。めでたい日だから、赤飯を炊いた。おまえも食べていきなさい」と言われ、ご自宅にうかがうと、奥さんと4

人のお子さんがいて、鯛の尾頭付きをご馳走になったんです。

居間の親父さんの椅子の背後にサイドボードがあって、ジョニーウォーカーやホワイトホース、オールドパーなど当時高価だった洋酒が並んでいる。お土産でもらったやつばかりです。亭主が一滴も飲まないから、お客さんも遠慮して飲まない。それで酒の瓶がズラリとたまっている。

「おい、何か飲め。飲めるんだろ？　おまえ、何飲むんだ？」

「はい、ウイスキーなら何でも」

「これだろ？　これか？　このシルクハットかぶって、ステッキ持ってる男のこれか？　黒いのと赤いの、どっちなんだ？」

「いや、黒はいいやつですから、僕は赤で」

「せっかくだから、いいやつを飲めよ」

朝顔形のビール用の大きなコップに水も氷も入れず、勢いよく注ぐ。すりきり一杯。断るわけにはいかない。口いっぱい含み、ようやく半分くらい飲み干した。と思ったら、また注がれる。なみなみと。こうして、アッという間に1本を飲み干し、フラフラになってのけぞった拍子に後頭部に衝撃を受けました。居間に据えてあるストーブの角の素焼きの部分を頭で叩き割っていたんです。

親父さんに悪気はまるでない。まったく飲めないもんだから、酒をどのようにして飲むのか、知らないんです。

門前のボーヤ、気を失う

親父さんが下戸なものだから、たまの宴会は僕の出番です。

親父さんは、スタッフを大事にしていましたから、映画を一本撮り終えると、大道具さん、小道具さん、衣装さん、メイキャップさん、裏方さんを集めて身銭を切って宴会をやるんです。場所はいつも多摩川の川っぺりにある料亭でした。

「おい、映画の打ち上げの日だから、運転しなくていい。俺の代わりに思いっきり飲んで、大いに席を盛り上げてくれ。みんなで飲んで、大騒ぎしような」

「はい、よろこんで！」

ここぞとばかりに、宴会男の本領を発揮、場を盛り上げます。映画が完成した達成感や解放感がありますから、その場にいる全員が、盛り上がって、それはすさまじいドンチャン騒ぎが始まります。

親父さんといえば、いつものようにまったく飲まない。飲まずに、周りの人にお酌をして回る。「さあ！　飲め、飲め、飲め、飲め！」

植木等に注がれた酒ですから、飲まないわけにはいかない。もちろん僕も飲みます。このときばかりはベロベロになるまで飲む。ベロベロのへべレケになってから、さらに3次会、4次会……。正体不明になりそうなところをどうにか気力で踏ん張る。宴会がはねると、親父さん家の前までお供する。

シラフのまま深夜まで宴会に付き合った親父さん、玄関でニッコリ。「今日はごくろうさん。明日は8時だよ」

「はい〜、分かりました〜あ」

ガチャン。門を閉めたところでそのまま意識不明に陥ったことがあります。

ハッと気がつくと、スズメがチュンチュン鳴き、すっかり夜が明けている。慌てて腕時計を見ると、ちょうど8時少し前です。おもむろに立ち上がり、服の土ボコリをパタパタはたき、咳払いをひとつ。威儀を正してから、玄関をノックして、元気よく、「おはようございます！　松崎です。お迎えに上がりました」

親父さんが出てきて微笑む。「おお、昨日あれだけ飲んだのに早いな、感心感心」

早いも何も、門の前でひと晩、寝ていたんですから。

信号を無視

酒は毎晩のように飲みました。長い間には、痛恨の失敗もあります。1回だけですが、寝坊して迎えに行けなかったことがありました。アパートで泥のように眠りこけていると、ノックの音に続いて、聞きなれた声が。

「おい、何時だと思ってるんだ」

驚いて跳ね起き、アパートのドアを開けると、親父さんが立っていました。

有楽町にあった日劇に出演していたときです。開演の時間が迫り、迎えが来るのを待ちきれず、自分で運転して僕の下宿まで来たのです。

「すみません！　すぐに運転します」

「寝ぼけたままじゃ危なくてしょうがない。俺が運転するよ」

恐縮するあまり、小さくなって後部座席に座りました。

悪いことは重なるもんです。親父さん、急ぐあまり、信号が黄色のところを左折すると、そこにパトカーが止まっていました。警官に指示され、親父さんはクルマを停めます。警官が後ろからゆっくり歩いて来る。「はーい、信号無視！　免許証見せて」

親父さんは窓を開け、免許証を取り出しました。運転席をのぞき込んだ警官はハッとして、「あ！　植木等さんでありましたか。こりゃまた失礼いたしました」

すると親父さん、ニヤリと微笑み、「いや〜、すみませんね。今、日劇の公演に向かうところなんですけどね、遅れそうで、急いでるんですよ。ここはひとつ、パトカーで先導してくれませんかね？」

「いやー、先導したいのはやまやまなんでありますが、日劇までとなりますと、管轄が異なりまして……」としきりに恐縮しています。

このときばかりは、目の前にいる親父さんが、無責任シリーズの平均とかぶりました。

藤吉郎よりも

大失敗をやらかしたこともありましたが、普段の僕は自分で言うのも何ですが、付き人としてかなり優秀だったと思います。

一般の会社であれば、平社員がいて、係長がいて、課長がいて、部長がいる。多くの人間が人事制度のピラミッドを作っています。それに対して、タレントさんと付き人、師匠と弟子はいわば社長の直属の平社員の関係です。

当初は、毎日、社長と共に過ごすようなものだという意識で懸命に仕えました。しかし付き人の生活が始まり、そばで過ごすうち、親父さんの人間性に魅了されるようになり、自然と尽くすようになっていったんです。とにかく植木等を敬うことが楽しくて、尽くすことが生きがいのようになりました。こういう気持ちになると、どうしたら喜んでもらえるか、懸命に考えるようになり、四六時中、神経を研ぎ澄ませるようになります。この瞬間、親父さんは何が欲しいのか、どうしたいのか、気配で察知し、すぐにやる。これを徹底しました。

こんな行動を、古臭い滅私奉公だよね、と冷笑する人がいるかもしれません。それでも僕は、心から尊敬する一流の師匠のそばに仕えて、お世話ができる。それだけで幸せだったんです。

たとえば、多忙な親父さんは時間があると、よく仮眠をとっていました。劇場に入ってるとき、次の出番まで1時間半ぐらいあるなら楽屋で休んでもらうんですが、このとき、ドアの隙間をわずかに開けておく。僕は廊下に立つか、待ち時間が長くなるようなら床にゴザを敷いて座り、ずっと中の様子をうかがっている。ガサッと音がしたら、すぐに「何か？」とお聞きできるよう、待機しているわけです。親父さんは、そのころはまだタバコを吸ってましたから、タバコとライターを手に、四六時中、気を張り詰めて気配を探っていました。でも、それが楽しかったんですね。

関白豊臣秀吉は若いころ、寒い朝に主君の織田信長のワラジを懐で温めていたといいますが、その気持ちが分かります。というか、俺は藤吉郎より徹底してお仕えしたぞ、と言えるくらいの自負があります。

親父さんの靴をならす

付き人としても、ひとつのことに夢中になる「のぼせもん」の本領を発揮することになりました。いかに師匠に尽くすか、このことを四六時中考えていると、色々なことを思いつくものです。

親父さんが映画出演するとき、衣装として真新しい靴を履くことになりますが、なれないうちは硬くて使いにくく、靴擦れにもなる。そこで親父さんと靴のサイズが同じ僕が履いて、ならしておくようにしました。

あるいは衣装のことでも工夫しました。演者は普通、衣裳部屋に行き、衣装さんに着せてもらうのですが、僕が着付けを覚えれば、親父さんはわざわざ衣裳部屋まで行かなくてもすむ。そう考えて衣装さんに頼み込み、着付けの方法を教えてもらったんです。

まんざらでもない顔の親父さんから「おい、衣装さんがおまえのことホメてたぞ。植木さん、おたくのお付の松崎さんという若い人、みんなに好かれて、よくやっていますよ、な

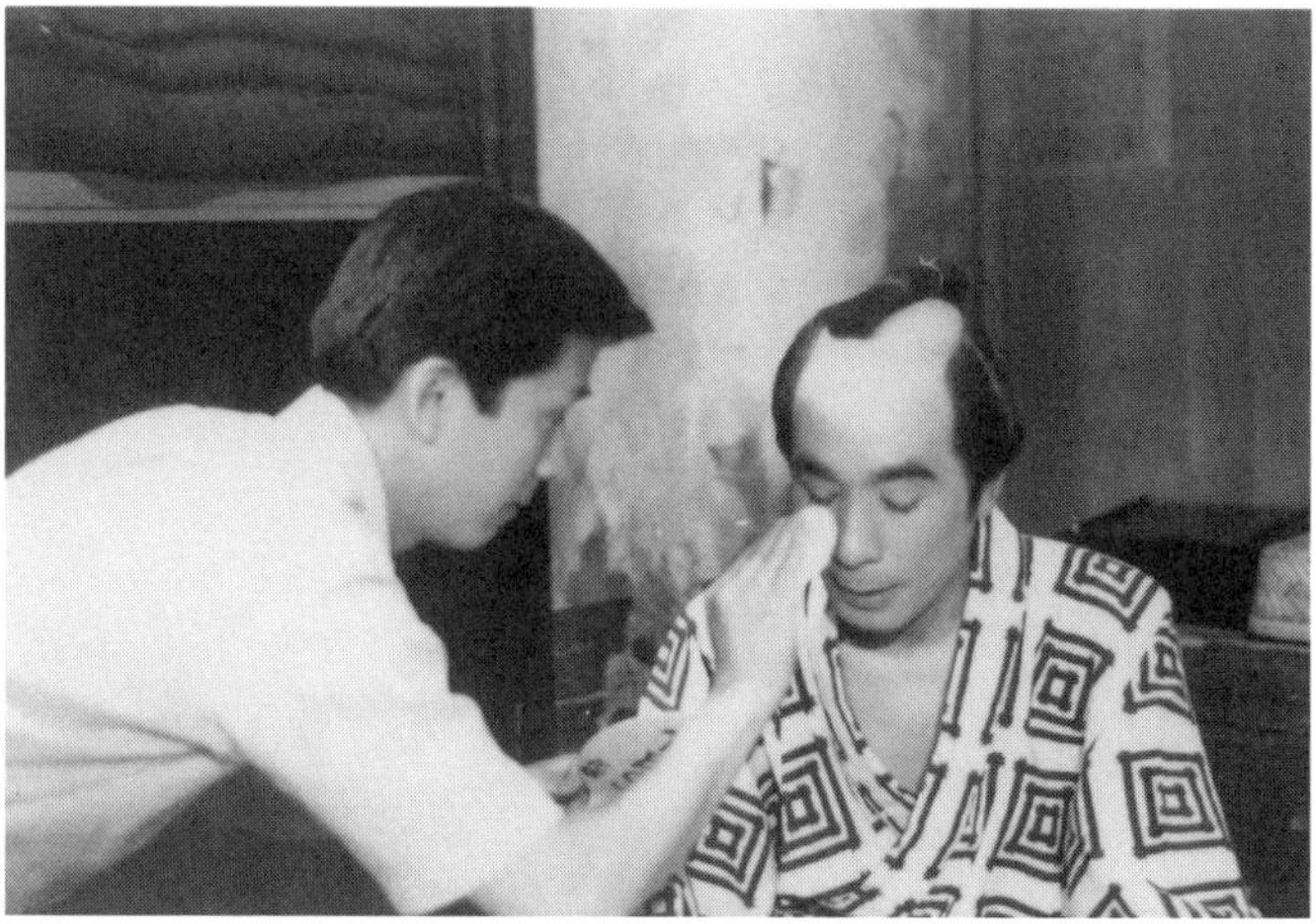

▲撮影の合間に、かいがいしく植木氏のメークを直す。

んて言われたよ」

そんなことを言われれば、僕も励みになります。

当時、師のためにと懸命に学んだことが、時が経つと、自分自身の身となり骨となっていました。自分で着付けができるようになったことが、今でも舞台の仕事などで役立っています。帯ひとつとっても町人と侍とでは違います。着付けだけでなく、かつらの羽二重のつけ方まで覚えました。

あれから半世紀が経ち、今、僕にも、若い人が「弟子にしてください」と頼んでくることがあります。芸能界に入る足掛かりにしたいというのはよいのですが、話をよくよく聞いてみると通常の会社勤めのような感覚で考えている人が少なくありません。

師匠と弟子はそれとは違います。業務時間内に命じられたことだけをこなせばよい、というものではありません。

何より大事なのが人間関係です。良い弟子になろうとするなら師に信頼されるのが第一歩です。世の中、人間関係で成り立っているのですから、師に信頼される人間になろうと努力することが、人に信用を得ることにつながり、生きていくうえでの大切な財産になるんです。

子として叱られる

僕は付き人時代を通して、親父さんに殴られたことも、メチャクチャに叱られたこともほとんどありません。とくに芸事に関して怒られたことは一切ありません。

怖さはありましたが、それは師匠の怖さじゃなくて親父の怖さなんです。

1回、厳しく注意されたことがあります。

当時、僕の友人に東宝のニューフェースとしてデビューした俳優さんがいました。うちの近所でひとり暮らしをしていて、年も近いので、親しくなったんです。彼は酒が強くて、僕も嫌いじゃないほうですから、毎晩のようにふたりで飲んでいました。

ある日、東宝の撮影現場で親父さんの仕度を手伝っているとき、ちょうど彼が来たから、「おお、セイシロウ、昨日はよく飲んだな!」と声をかけました。

彼も笑顔で「おまえもよく飲んだよな!」

彼が立ち去ったら、親父さんが僕を呼びました。「おまえは誰と口を利いているんだ。彼は東宝の俳優さんだぞ。ニューフェースとして全国から選ばれた人だ。同等の言葉を使うのは止めなさい。少なくとも撮影所にいる間は、〝さん〟づけにして、尊敬の念を表すように考えなきゃいけない」

人間関係はきちんとしなさい、という教えだったんです。その厳しさは師匠の、というより、やはり父親の厳しさだったように感じられます。

❖3幕❖ スタントマンと役者

僕の役者志望を知らなかった親父さん

師匠である親父さんは、ボーヤの僕に何とかチャンスを与えようと、親身になって考えてくれました。今でも、どうしてあそこまでしてくれたか、不思議なくらいです。

とはいえ、最初、親父さんは勘違いをしていたんです。付き人になって2カ月か3カ月経ったころ、親父さんに突然、こんなことを聞かれました。

「ところで、おまえはなんだってまた、そんな大金を稼ぐセールスマンだったのに、俺んとこの運転手になったんだ？」

「私、役者を目指してますから」

「え？　あれ？　おまえ、役者になりたいの？」

驚かれて、こっちもかなり驚きました。

後日談ですが、体調を崩した親父さんは、会社に運転手が欲しい、と言ったそうですが、会社のほうで「付き人兼運転手」を公募したのだそうです。

「そうか、役者になりたかったのか……。で、前の生活の未練はどうなんだい?」

「クルマのセールスより、やはり役者の生活が……あっちがやりたいか、こっちがやりたいか考えたら、こっちがやりたいです」

間の抜けた答え方をしていました。

「そうか……俺も親父を継いで寺の坊主になるか、それともミュージシャンになるかと色々考えたときに、うん、俺は、よし、音楽で生きようっていうふうに決めたんだよ……」と親父さんは懐かしそうに言いました。

僕はミュージシャンでもありません。それに芸能界のことなんて、右も左も分からない。そんな奴をボーヤにしてはみたものの、親父さんとしても、どうしていいのか分からなかったはずです。

でも、それからは、親父さんは行く先々で「こいつ、おもしろいから使ってやってよ」と売り込んでくれるようになりました。

雲上人たちのゴルフ場でのお披露目

酒も飲めない、賭け事もしない。そんな親父さんの唯一の趣味がゴルフでした。世田谷区にある砧公園、あそこは昔、18ホールのゴルフ場だったんです。そこでよくプレーしていました。そのとき僕も付き人兼運転手兼ギャラリーとして、休日でもゴルフ場への送迎を進んで買って出ていました。お供をするのが楽しいんです。

ゴルフというと、忘れられない思い出があります。

とても立派なゴルフ場で親父さんの快気祝いのコンペが開催されたときのことです。そこには運転手控室があって、ドライバーたちが、碁を打ったり、将棋を指したり、週刊誌を読んだり。昼寝をする人もいました。

見ると、洗車場もあります。まだ3月、寒くてしょうがないところを洗車場で、パンツ一丁になって、洗車に取り掛かりました。「プロの磨いた、このクルマを見よ」てな、ひとり言を言いながら、ワックスで磨き上げ、天井から車内から全部ピカピカにしました。夢中で洗っているうちに、4時間も経っていました。で、服を着こみ、ネクタイを締めたところで、アナウンスがありました。

「植木等様のドライバーの方、クルマの前へお願いします」

親父さんをクラブハウスの車止めのところに迎えに行くと、政界、財界、芸能界のお歴々がいました。総理大臣じゃないころの中曽根康弘さん、第一線で活躍していたプロ野球界の王貞治選手といった、僕にとっては雲の上の住人のようなみなさんがズラーッとそろって談笑されています。見ただけで、舞い上がるような、うわっ、すごい。うわっ……というような人たちばっかり。

緊張しながら、親父さんのゴルフバッグを担いでトランクに入れ、バタンと閉め、親父さんが乗るためにドアを開けて待ってたら、

「いやあ、みなさん、今日はどうも、今日はありがとうございました」

挨拶しながら、車までやって来て、大きな声で、「えー、みなさん、ご紹介します。これは、うちの松崎といいます」

まだ芸名もないころです。

「この男、今に大スターになります。みなさん、よろしくお見知りおきください」

居並ぶそうそうたる人たちに紹介してくれたんです。

顔がカーッと赤くなったのが自分でも分かりました。震えていたら、親父さんは自分の

クルマに目をやって、「おい、新車を買ったのか、これ」

「いいえ、先ほど掃除しました」

「うわあ、ピッカピカだな、おい！　こりゃあ、すごいやあ」

これも、集まった方々へのアピールだったと思います。

1杯のかけ蕎麦と天丼とかつ丼

で、ゴルフコンペからの帰り道です。

「ところで、俺んとこにメシの請求書が回って来なかったぞ。おまえ、クルマを洗ってて、飯食ってないだろ」

コンペが終わるのを待つ運転手や付き人が、昼時、食べたい物を注文すると、持ってきてくれて、請求書は主人に回るということになってるんです。親父さんから「それを食べなさい」って言われてたんですけど、クルマの掃除に夢中になって忘れていました。

「はい、まだです」

「よし、俺も軽いものしか食ってないんだ。一緒にちょっと食っていこうじゃないか。どっか帰り道に駐車場があって、こぎれいな所があったら停めろよ」

「親父さん、あそこに駐車場のある蕎麦屋が見えますけど、いかがですか」

「おっ、蕎麦か、いいねえ。蕎麦行こう、蕎麦」

蕎麦屋に入りました。

「おまえ、何にする？」

僕は親父さんと一緒にいるときは、うどん屋や蕎麦屋だったら、かけ蕎麦。中華料理屋ならラーメン、そういうもんしか注文しないと決めてましたから、品書きを見ることもなく、「かけ蕎麦、お願いします」

「おっ、かけ蕎麦か、いいなあ、かけそばもいいけどなあ。俺はね、そうだな……天丼に、かつ丼」

すごいなあ。芸能人って、どんぶり物を2杯も食べるんだ。

で、かけ蕎麦が来た。

「はい、食べろ、食べろ。遠慮せず、のびないうち食べろ」

「はい、じゃあ、お先にいただきます」

食べてたら、店員さんが、どんぶりを2つ持って来ました。

そしたら、親父さん、思い出したように、「あ、そういや、俺、薬飲んでないから胃が重くて食えねえんだ。いけねえ、油もん頼んじゃったよ。悪いが、おまえが食ってくれ。さ、食え、ほら、これとこれ」

押しつけがましくならないよう、そうやって食べさせてくれたんです。なんて、やさしい人なんだろう。泣きそうになりながら、どんぶりをかき込みました。

出演が増える

人気番組の『シャボン玉ホリデー』は、クレージーキャッツとザ・ピーナッツが初期のレギュラーで、やがてスリーファンキーズ、布施明さんが加わり、後にザ・タイガースが参加します。

ダンサーのチームとしてザ・シャンパーズがいましたが、ここに後にピンク・レディーの振り付けとして名を馳せることになる土居甫さんがいました。そして、コーラスグループが、渚一郎とフォー・メイツです。

ザ・シャンパーズとフォー・メイツはコントのエキストラも兼ねていました。演出の秋元さんに言われて、通行人になって歩いたりする。ボーヤたちも、いつ、参加を命じられるか分からないから、ドライのときはみんなで張りついていました。

やがて僕もエキストラとして紛れ込めるようになります。ただの通行人だったとしても、何もないところでつまずくとか、ちょっとした工夫をするうち、スタッフのみなさんから、あいつを出すと、何かやるぞ、と思われるようになり、よく声をかけられるようになりました。

「ここ、後ろで誰かに歩いてもらいたいな……。おい、松崎」

そのうち、エキストラを使うコントの撮影が始まるとき、秋元さんが僕を捜すようになります。「仕事行こう、仕事。よーい……、マツはいるか」

「はいはい、おります」

「いればいい。よーい、スタート」

そのうち、台本に「ここ通行人よろしく」と書いてあるところに、カッコつきで（シャンパーズ、フォー・メイツ、松崎）というように書いてもらえるようになったんです。

秋元さんはボーヤたちに理解のある人で、こうしたちょい役にもギャラを出してくれました。１回につき２５００円でした。月に４回なら１万円になります。僕はギャラを受け取るとクレージーキャッツの７人のボーヤで平等に分配するようにしていました。

「知らないっ、知らないっ、知らないっ」

ある日、いつものように後部座席に親父さんを乗せて、ハンドルを握っているときに、クルマのセールスマン時代には職場にユニークな人が多かった、という話題になりました。

「たとえば、50代半ばの課長で、大学では柔道部のキャプテンだったという大男がおりましてね」と僕は語り出します。

その人、毎朝、風呂に入ってから出社してくるんで、朝から顔がテカテカしてるんです。夕方が近づくと、脂でテカテカに磨きがかかる。そのテッカテカの課長さん、威張りくさった態度で僕に活を入れようとするわけです。「おい！ 今月もう29日なのに、おまえはまだ3台しか売ってないじゃないか！ ノルマ、どうすんだよ、ノルマは」

「あてがあるから大丈夫です」

「あてがあるなら、こんなところでモタモタしてないで、今すぐ売ってこいよ！ 1日に何時間あると思っているんだ、馬鹿者が！ グズグズするな！」

すると、この様子を見ていた年下の営業部長が一喝する。「君、うるさいよ。そんな大きな声を出さなくてもいいだろ」

そのとたん、課長さん、態度を豹変させて、ひたすら恐縮してみせて、「は、申し訳ありません」とシュンとしてしまう。その後、小声で、「みろ、おまえのせいで怒られたじゃないか。もう、知らないっ、知らないっ、知らないっ」

親父さんはこのエピソードを聞いて大笑いしました。

役がつく

後日、日本テレビのスタジオで、ボーヤのたまり場になっていた谷啓さんの楽屋に呼ばれました。そして谷さんやボーヤ、スタッフたちのいる中、例のセールスマン時代の課長のエピソードを開陳することになったんです。この日、谷さんが自分で台本を書くことになり、ネタを探していたところに、おもしろい話がある、と親父さんが勧めてくれたんです。

親父さんに話したときは、ハンドルを握っていましたから、あまりアクションはつけられませんでしたが、このときは少しデフォルメして、いい歳をした大人がオカマっぽく体をクネクネさせるというオチにして話したんです。

「知らないっ、知らないっ」のフレーズは、谷さんたちにもウケました。秋元さんもおもしろがったらしく、翌日には台本に出番が挙がってきました。

「え？　僕に役がつくんですか？」

それから、こんなコントをやらせてもらえるようになりました。

かつら、隈取、衣装をバッチリ決めた石川五右衛門が、長いキセルを手に、「あ、絶景かな、絶景かな」と決め台詞を言う。ババン、バババババン、バン。ツケ板に合わせて見栄をきる。

ところが欄干から足を踏み外してコケてしまう。

突然、女形っぽくなり、「さっきお稽古をしたときは、うまくいったのに……もう、知らないっ、知らないっ、知らないっ」

出演者やスタッフに好評でした。とくに秋元さんが気に入ってくれて、男っぽいことをしていたのに、何かのきっかけで、女形っぽくなり、「もう、知らないっ、知らないっ、知らないっ」となるパターンのコントを毎週やるようになったんです。

視聴者の反響も大きく、「あれは誰ですか？」といった手紙や葉書が殺到しました。

すべってウケる

こうして付き人になってから、わずか4カ月で役がつきました。しかも、このコントの評判がよくて、『シャボン玉ホリデー』のレギュラーになれたんです。親父さん、谷啓さん、秋元さんのおかげです。

この後、ハナ肇さんが座長の旅回りの一座の設定のコントで女形の役もいただきました。この決め台詞が「私、辞めさせていただきます」です。要するにオネエの元祖のようなもので、正直言えば、内心、九州男児として恥ずかしい、と抵抗はありましたが、チャ

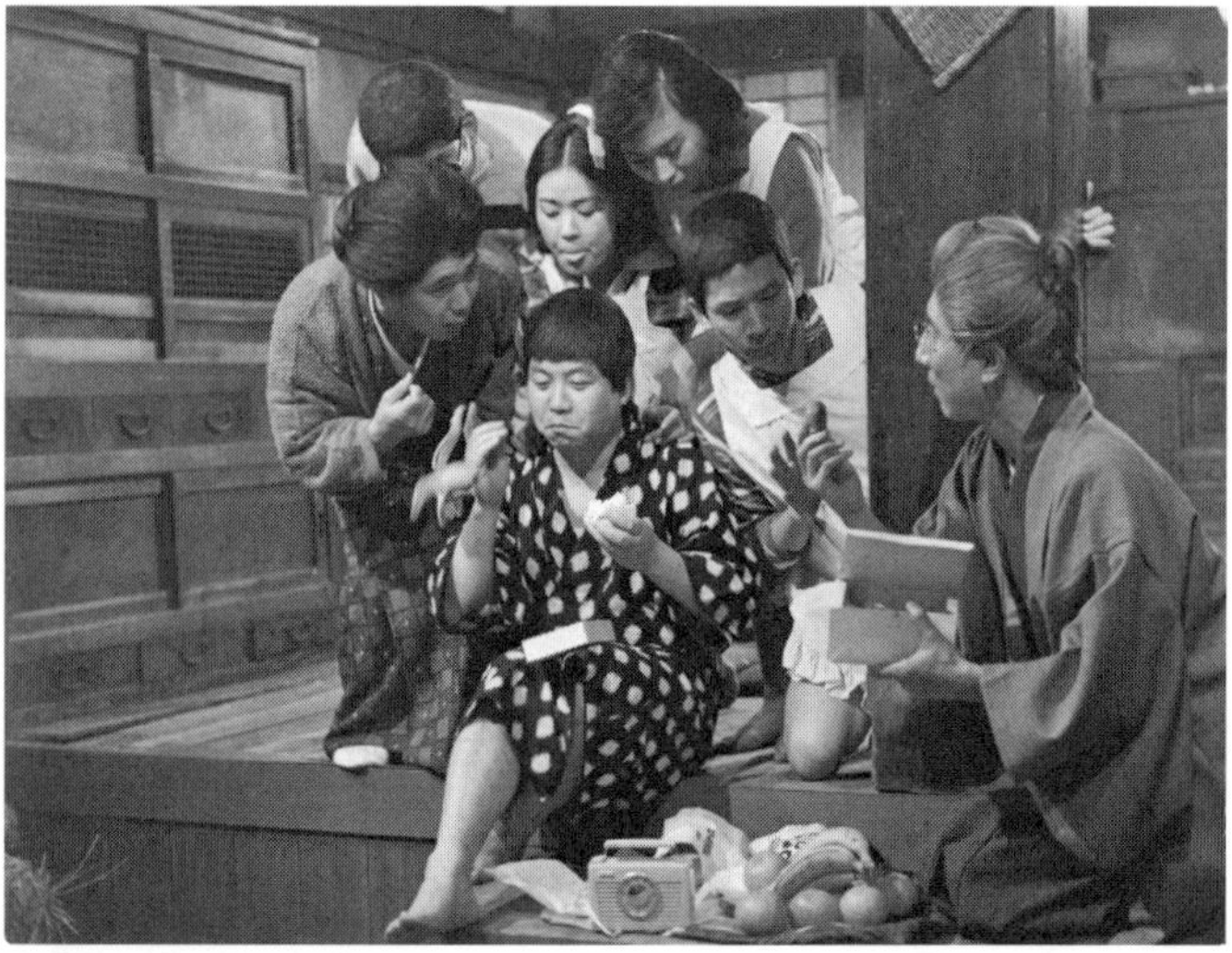

▲『シャボン玉ホリデー』でクレージーキャッツとコントを演じるボーヤのころ。

©NTV

ンスをもらったからには、期待に応えたいという気持ちが上回っていました。

あるとき、いつものように「私、辞めさせていただきます」と言って頭を下げたとたん、セットが傾いて、体ごとズーッとすべってカメラの前まで行きました。ハプニングでしたが、これがおもしろい、というので、それから、すべるのがパターンになりました。

プロデューサー兼ディレクターの秋元さんは「あくなきマンネリ」という言葉が好きで、いったん気に入ると徹底してやるんです。

もちろん、毎回毎回、コントがうまくいくものでもありません。そんなとき、救ってくれたのが親父さんです。持ちネタがウケないため、焦った僕が慌てた末に大失敗をしでかしてしまい、収録に遅れを生じさせてしまったことがありましたが、このときも、「うちの松崎が大変なご迷惑をおかけしてすみませんでした」とスタッフに頭を下げて回ってくださいました。

小松の名の由来

『シャボン玉ホリデー』では、日本テレビの長寿番組『笑点』で5代目の座布団運びをされた松崎真さんがレギュラーをされていました。で、僕の本名も同じ松崎姓です。スタジオに松崎がふたりいたから、ややこしいことになりました。親父さんが「松崎ー！」と呼ぶと、毎回毎回、ぼくと松崎さんが一緒に「はーい！」と声をそろえて答える。

「あー、いちいち面倒くせぇ」

ある日、親父さんに呼び名を決められました。

「お前が大松で、お前は小松だ」

松崎さんは身長が180センチくらいある大柄な人で、私は「小さいほうの松崎」という意味です。清水次郎長一家の大政、小政のようなもんです。親父さんがそう呼ぶうち、メンバーやスタッフの間で「小松」が定着しました。

小松となった僕もチョイ役で出演が増えました。このころの役のひとつにジェームズ本堂っていう、フランス帰りの美容師という設定がありました。僕は、この役作りに凝りに凝りまして、自分で髭をこさえて、縁なしメガネを掛け、台詞も「奥さま、どういたしましょう？」と思い切り気取って言う。

おりしも映画の『００７』シリーズのスパイ、ジェームズ・ボンドが人気になったころです。昭和37年公開の第1作の『００７ ドクター・ノオ』から『００７ ロシアより愛をこめて』『007ゴールドフィンガー』とヒットを連発していました。

どこか、ショーン・コネリーのジェームズ・ボンドを思わせるようなキャラクターに扮したところ、これがウケた。それで僕は気をよくしていました。

ちょうどそのころ、親父さんから、「おまえにも、そろそろ芸名を考えてやんなくちゃいけないな」と言われたんです。

「ありがとうございます！　実は、僕もこんな芸名はどうかな、という腹案がありまして」

「ほう、どういうのだい？」

「ジェームズ本堂って、どうでしょうか？」

「おいおい、ふざけた名前をつけるもんじゃないよ。将来、NHKの大河ドラマで主役をはるようになったとき、ジェームズ本堂で恥ずかしくないか？」

「はあ……大河の主役、ですか」

「おまえには小松っていう通り名があるだろう。下の名前は、うちのおばあちゃんが姓名判断やっているから聞いておいてやる」

しばらくして、親父さん、懐から封筒を出して、

「これがお前の芸名だ」

「はい、ありがとうございます！」と封筒から出した紙にあったのが、小松政夫

えっ？　と感じました。こんな二枚目の名前でいいの？

「これが私の芸名でしょうか？」

「ばあちゃんが言うには、末広がり、芸名にぴったりなんだそうだ」

こうして師匠から芸名を授かりました。

最初は、二枚目な名前すぎちゃって困ったなあって思ったんですが、それから半世紀、小松政夫でやってきました。

鶴田浩二さんの言葉

親父さんは、小松という名をことあるごとに宣伝してくださいました。たとえば、主演映画が封切られると初日の舞台挨拶に行きます。

親父さん、「今日、私は主題歌を歌えっていうことで、今ここにいるんですけど、なにしろ完成したばかりで、私は曲を覚えるのは早いんですが、歌詞のほうはなかなか覚えら

れなくて。うちの小松というのが、席を取っちゃいましたけど、あいつに歌詞を書いたプロンプを持たせますんで、勘弁してくださいね。いいですか、ごめんなさい、撮影じゃないからいいよね、ね？」

そして「あれが、うちの小松です」って紹介してくれます。僕も後ろ向いて、「ヘッヘッ、わあー」なんて、おちゃらける。

曲が始まる。

「銭のないやつは俺んとこへ来い～、俺もないけど心配すんな……おーい、小松、見えないよ、見えません。……そのうち何とかなるだろう～」

歌詞をおぼえていない、というのも、僕の名を売ってやろう、とわざとやっていたんだと思います。

こんなこともありました。お台場に移転する前、フジテレビがまだ新宿区にあったころのことです。局内の廊下を歩いていたら、向こうから、目の覚めるような美男子がやって来ます。それが誰だか分かって体が硬直するほど緊張しました。

昭和20年代最大のアイドルと言われ、任侠映画の大ヒットで日本映画界に君臨する天下の大看板、鶴田浩二さんです。

硬直しながら、道を譲り、頭を下げていると、意外なことが起きました。

「君が小松君だね」

なんと声をかけてくださったんです。

「は、はい」

鶴田さん、どうして一介の付き人でしかない僕のことを知っているんだろう。ドギマギしていると、

「先日、植木等さんと話す機会があったんだが、昼休みの1時間、うちの小松が、うちの小松が、と、ほとんど君のことを話されていたよ」

そう言って、微笑まれました。これには感激しました。

台本を奪い合う

親父さんは、どこに行っても、僕を紹介してくれるようになりました。

「これね、小松政夫っていうんだけど、なかなかおもしろいから、何か機会があったら使ってやって」

とくに自分のレギュラー番組では、必ず推してくれるようになりました。

そうこうするうち、立場はあくまでも付き人のまま、親父さんが持っているレギュラーの本数だけレギュラーをもらえるようになりました。

親父さんに出番の交渉をしていただけるほど信頼を得られたわけですが、そのチャンスになったのが、台詞合わせです。

「おい、台詞を覚えるから相手をしてくれ」

これがチャンスです。ここぞとばかり、熱演する。

「おっ、おまえ、こういう役の台詞、うまいな」

違う役の台詞なら、表現を変える。

「へえ、こういう役もうまいな」

できるところを見てもらい、安心して推薦していただこうと懸命でした。

こういう大事なチャンスですから、その場にライバルのボーヤがいるときは、台本の奪い合いになります。

「俺が読む」

「いいや、俺だ」

「台本、よこせよ！」

「いやだ！」

大の大人が必死になって台本を引っ張り合う。

親父さんに呆れた声で「順番にやりなさい」と諭されるまで争ったものです。

若手の悪乗り

タレントとしてどうにかチャンスをつかまなければならない。そのためには大勢いるボーヤや若手の中で目立つ必要がある。

ところが、やり過ぎれば、叱られる。

若いころ、このさじ加減で迷ったものです。

日劇や大阪の梅田コマでクレージーキャッツの公演があると、ハナ肇さんが「ボーヤたちの役もこさえてあげよう」と言ってくれます。こうなると、必ず、ひとりやふたりは、とにかく目立とうとするのが出てきます。大勢の中から、何とか頭ひとつ抜け出そうとするあまり、出しゃばったり、悪乗りしたりする。

出番をつくってくれたハナ肇さんから、「いいか、自分を売り込むだけとか、自分だけウケようだとか、姑息なことは考えるな。自分の番に思い切りやるのはいいが、人の大切な台詞のときに余計なことをやることは許さない」とクギを刺されます。

にもかかわらず、フィナーレのとき、わざと独りだけ土下座して、降りる幕に挟まれたボーヤがいて、ハナ肇さんに「良い舞台だったが、おまえひとりのために台無しになった」とこっぴどく叱られていました。

コメディというのはきちんとしたストーリーがあり、それぞれの役が決まっているものです。場面ごとにネタふりがある。伏線を作っていき、最後に向けて盛り上げていく。そのためには、みんなで協力して一本の作品に仕上げる辛抱がいります。

それなのに、自分さえ目立てばいい、という輩がひとりでもいると、流れを壊してしまうんです。人が芝居の流れに関係する重要な台詞を言っているとき、エキストラが関係のないところでわざとつまずき、コケたりすると、観客は笑うけれど、コメディ全体としては邪魔でしかありません。

かといって新人は台本通り、言われた通りのことをやるだけではなかなか注目されないし、目立てない。難しいのは、チャンスを生かそうとして、かえって嫌われてしまうボーヤもいれば、這い上がるボーヤもいることです。新人はどうしてもこのあたりの感覚をつかみにくいものです。同世代の仲間が集まって、ワイワイ楽しくやっているのも一見楽しそうではありますが、それだけでは限界があります。やはり現場には、きちんと指導できる立場の人間、つまり師匠が必要なんです。

クレージーキャッツのメンバーは、ハナ肇さんも、親父さんも、みなさん大人で紳士な人たちでした。付き人が羽目を外したときは、「おまえ、あそこで目立つなら、こういうふうにしなさい。おまえのやったことは、空回りだよ」と説明してくれる。良いところを見つけて伸ばしてあげよう、と接してくれました。

紳士の集まりであるクレージーキャッツだから、殴る、蹴るとはなりませんが、これが昔気質の短気で厳しい師匠だと、「俺が大事な台詞を言うとき、周りでチョロチョロするな！」と怒鳴られ、張り飛ばされかねません。

赤フンドシ姿の子供が出て来るまで

どのようにアドリブを入れていけばいいかと迷っていたとき、親父さんに教わったのは、

「いきなり全部やろうとするな。少しずつだぞ、少しずつやれ」ということでした。

僕はこれを実践しました。

たとえば、クレージーキャッツの公演のコントのひとつに「おかあさん」というのがありました。

舞台は戦時中の山奥の小学校、桜井センリさんが小学校の音楽の先生役で、「みんなで歌いましょう、出ていらっしゃい」と言うと、ザ・ピーナッツやボーヤたちが演じる疎開児童たちが舞台の袖から「ワーッ」と元気よく出てくる。

「かーらーす、なぜなくのー」と歌っているうち、子供たちは母親のことを思い出して、「おかーさーん」と泣き出してしまう。

すると舞台の袖から、犬塚弘さんが「はいはい」と言いながら出て来る。でも、男の恰好です。子供たちは「あなたなんか、おかあさんじゃない！」

「私は岡三です。岡三蔵です」

基本的にはこれだけのごく短いコントです。これを色々工夫して15分くらい演じるわけですが、ボーヤの中に、目立とうとするのが出てきます。わざと薄汚れたメイクをしたり、顔にメガネを描いたり。

僕は親父さんからのアドバイスを活かして、探り探り、毎日の舞台で、少しずつやることを変化させていきました。

初日は、我先に舞台に出て行くボーヤたちから、わざとワンテンポ遅れて出て行く。

2日目は、ワンテンポ遅れて出てから、バタンと転ぶ。客席からクスクスと来る。

次の日は、もう少し派手にしようと、横向きにひっくり返ったら、ワッと来た。

まだ親父さんたちは何も言わない。

ここで考えました。これ以上、派手な転び方をすれば、わざとらしくなってしまうぞ。何か、自然に、しかも派手な転び方ができる工夫はないか？　ふと思いつき、昔の子供がよくやったように、缶詰に紐をつけ、それに乗ってパカパカパカパカと走り出してから、派手に倒れてみました。これもウケた。

親父さんたちはまだ何も言わない。小松のやることを、期待しつつ、見守っているという感じが伝わってきます。

そこで満を持して着物に赤フンドシで出てみることにしました。その姿で登場すると、お客さんたちが笑い出して、さらにそのまま派手に転ぶと、しばらく笑いが止まらない。このア
桜井センリさんも、これだけ笑いを取っている僕を放っておくわけにはいかない。このア

ドリブを受けなければならない。

「なーに、あなた、なんで子供のくせにフンドシなの？」

「これは、おとーたんの形見のフンドシです」

観客がどっと来る。

そのうち、ハナ肇さんもおもしろがってくれて、「あそこをこうしろよ」なんてアドバイスをしてくれました。このようにスレスレのところで工夫を重ねたんです。

バイクのスタントに命を張る

僕の映画の初出演はひょんな形で実現しました。

作品は1965年に公開された『大冒険』という、ナチスの残党を相手にオリンピック選手だった主人公が暴れ回るというアクション映画です。親父さんはほとんどのシーンでスタントマンを使わず、ビルディングから飛び降りたり、クルマに飛び乗ったり、クレーンで吊るされたりと激しいアクションをこなしていました。親父さんは高校時代に100メートルを11秒4で走り、東洋大学時代には陸上競技部に所属していたスポーツマンだったから、かなり無茶な要求にも対応できました。

監督は古澤憲吾さん、脚本は田波靖男さんと笠原良三さん。また特技監督として『ゴジラ』の円谷英二監督が参加していました。

あるとき、こんなシーンの撮影が行われました。5人の悪漢が乗った自動車を植木等扮する主人公が自動車で追いかけるが、横転してしまう。それでも諦めず、蕎麦屋の出前のバイクを借りて追い続ける。そこになぜか山積みのみかんを戸板に載せて売ってる露店がある。悪漢たちの乗るクルマがぶつかり、みかんの山が崩れる。追いかけるバイクは露店を飛び越える。

さすがにこのシーンは植木等にはやらせられない。スタントマンが吹き替えでやる予定でしたが、ジャンプ台を見たスタントマンが「高過ぎる」と言い出したんです。

「30センチでいいんですよ！　これ70センチもあるじゃないですか、こんな高い台じゃ危なくて飛べないですよ」

「プロだろ！　飛べよ！」

古澤監督に怒鳴られたスタントマンはむっとしました。

「プロだから、飛べないと判断したんです」

「できないなら、帰れ！」

スタントマンたちは帰ってしまいました。

「誰か飛べる奴はいないか」

監督の声に応え、気がついたら、僕は手をあげていました。「やってみましょうか」

「え？　君、スタントの心得はあるのかね？」

「いや、ありませんが、単車が好きで、乗り回していたもので」

親父さんが心配そうに、「おまえ、大丈夫か」

「何とかやってみます。でも、あの単車だと軽過ぎるから、後ろに砂袋を載せてください」

カメラは真横からクレーンで2台、バイクの進行方向に1台、合計3台です。

準備が整い、監督がスタッフに気合を入れます。「よし、行こう！」

僕はエンジンをかける。

「スタート！」

監督の叫び声を合図に発射し、加速する。台がグングン迫る。ジャンプする。思っていたより、はるかに高く舞い上がり、どうにか着地しましたが、バランスを崩して横転し、砂煙を舞い上げながら、ザザザー、横滑り。

どうにか止まり、そのまま地面にひっくり返っていると、みんなが血相を変えて駆け寄り、「大丈夫か！」と心配そうに聞いてくる。

「痛くない、痛くない」と平気そうな顔で言いましたが、もちろん、痛くないわけがありません。ひどく痛い。

肝心の撮影のほうですが、あまりに高く飛び過ぎたため、2台のカメラにはタイヤの下のほうしか映らなかったんですが、どうにか1台のカメラには収まっていて、横転したとで、迫力のあるシーンになっていました。

バイクが横倒しになったとき、さしもの古澤監督もゾッとしたそうですが、「あいつは根性がある」と認めてくださって、それから古澤作品によく呼ばれるようになりました。

この古澤憲吾さん、とんでもなく個性的な人でした。

先の戦争では、オランダ領東インド侵攻のパレンバン空挺作戦に落下傘部隊として参加して、生き残ったというのが自慢で、親しい人たちからは「パレさん」と呼ばれてました。白い上下の服で、目の位置が分からないほど真黒なサングラスをかけている。そして、とにかく声がでかい。どんなシーンも全力を傾ける。ふつうは助監督に任せるような表札のアップの撮影も気合を入れる。「シュートする！　静かにっ！　被写体、撮れー！」とキューを出す。表札が台詞を言うはずがないんですが。

古澤監督は、親父さん対しても大変なことを強いていました。岩だらけの崖からヘリコプターから吊るされた縄梯子に飛び移ってそのまま上昇する。鉄橋の上を走っていて汽車とすれ違い、鉄橋のへりにぶら下がって、そのまま通り過ぎるのを待つ。

親父さんは、こういうシーンをスタントマン無しでやらされていました。

後日、親父さんの奥さんが、あまり危険なことをさせないで欲しい、と監督に訴えたそうです。

台詞を覚えていないような役者がいようものなら、「てめえ、何年やってるんだ！ この馬鹿が、誰がこんなの呼んだんだ」と張り倒してしまう。ともかく型破りな人でした。

この監督が、〝無責任男〟を世に送り出した功労者のひとりなんです。

クレージー映画

時間を巻き戻すと、親父さんは『無責任』シリーズに出る前、大映の『スーダラ節 わかっちゃいるけどやめられねぇ』と『サラリーマンどんと節　気楽な稼業と来たもんだ』に出演します。歌って、踊れて、演技もできる。この才能を活かそう、と渡辺プロダクションの社長の渡辺晋さんは、東宝に話をもちかけ、植木等を主役にしたシリーズが始まることになります。

監督として抜擢されたのが、古澤憲吾さんでした。当時、東宝は黒澤明監督や成瀬巳喜男監督の大作や文芸作品も制作していました。古澤さんは黒澤明さんをライバル視しているようで、「向こうがクロサワなら、こっちはフルサワだ」と豪語していました。

この監督から主演映画の話を持ち掛けられて、親父さん、最初はかなり戸惑ったということです。

「こんど君を主役に映画を撮るから頼むよ」

「僕が主役ですか。で、題名は」

「題名がいい。ニッポン無責任時代」

「は？」

こうして誕生したのが平均という名の前代未聞のキャラクターです。口八丁、手八丁、「こつこつやる奴ぁ、ご苦労さん」とうそぶき、取引先のトップを色と金で落とす。クビになっても屁の河童、「ウハハハハッ」と笑い飛ばす。

親父さんは脚本を読み、あまりにも型破りな人物設定に疑問を感じたけれど、古澤さんの意気込みに感心して、役を引き受けよう、と決意したそうです。

『ニッポン無責任時代』の試写を観た映画会社の偉い人の中には激怒した人もいたと聞きます。それも分からないではない。それまでの東宝の森繁久彌さんの社長シリーズの人情味とはあまりにもかけ離れた作風でした。なにしろ、主役は上司に忠実な生真面目な部下などではなく、傲岸不遜、上司の命令など右の耳から左の耳、というハチャメチャな男なんですから。

しかし昭和37年に公開されると、この映画は想定外の大ヒットとなります。大衆だけでなく、映画の専門家にも大きな衝撃を与え、あまり邦画をホメないと噂された大島渚監督が「なんでこんなにおもしろいんだ」となり、小林信彦さんが「傑作」として挙げる。

当時の子供たちや若者たちに与えた影響も甚大です。「こつこつやる奴は、ご苦労さん」という劇中歌の『無責任一代男』、タモリさんはこれを座右の銘にしたそうですし、ビートたけしさんはこの歌で人生観を変えられたといいます。

映画に抜擢される

無責任男は拍手喝采で世間に受け入れられ、クレージーキャッツの映画はヒットを連発し、東宝のドル箱になります。

東宝と渡辺プロダクションが製作した無責任シリーズ、日本一シリーズ、クレージー作戦シリーズ、時代劇というクレージー映画のほか、クレージーキャッツのメンバーが個々で出演する映画もありました。

当時、映画会社の「メジャー5社」と呼ばれた大映、松竹、東宝、東映、日活が協定を結んで各社専属の監督や俳優の引き抜きを基本的に禁止することになっていたことから、渡辺プロダクションの渡辺晋社長は、クレージーキャッツのメンバーの映画出演について、松竹はハナ肇さん、東映は谷さん、犬塚さんは大映と会社を分けるという戦略を採っていました。

やがて、僕にも念願の映画の役が回ってきます。谷啓さん主演の『図々しい奴』という映画で、会社の後輩の役をいただけたんです。このとき、東映のニューフェースで入って来たばかりの小林稔侍さんとご一緒しました。

この後、『喜劇　大風呂敷』の関口社長役や、『クレージーの怪盗ジバコ』のゴーゴークラブの司会者役をいただきました。

立場としては付き人です。単独での番組出演オファーもありましたが、まだ勉強中の身だからとんでもないと思ったんです。ところが、親父さんに相談したら、すごく喜んでくれました。「結構なことじゃないか。行って来い。勉強してきなさい」

その後も他のテレビや映画の話が入ると、親父さんはいつも「俺のことを気にしないで行ってこい」と言ってくれました。ご自身の仕事と僕の撮影が重なると、「そちらを優先しなさい」とまで言ってくれたんです。

親父さんの理解と協力もあり、色々な作品に出演の機会を得ることができました。

緊張の前説

付き人の立場のまま、テレビや映画に出られるようになったものの、コメディアンとして確固としたものを身につけたわけじゃありません。実力が伴わないうちは、特に舞台で身のすくむ思いもしました。

昭和42年7月に、TBS系列で『植木等ショー』という番組が始まりました。渡辺晋さんの「植木等を一流のエンターテイナーにしよう」という意気込みで始まった番組です。親父さんのワンマンショーで、毎回そうそうたるゲストが出演しました。あの鶴田浩二さんまで、「植木さんなら」と出演されたんです。公開収録で舞台は日比谷の日生劇場でした。ちなみに構成作家に小林信彦さんがいました。放送時間は午後9時から30分で、オープニングから4回、衣装替えがあります。セットチェンジをやるのに今度は10分かかる。

「小松、おまえ、10分つなげ」って言われました。

僕もセールスマン時代は宴会芸の王者の名を欲しいままにした男ですから、張り切って、宴会技を駆使する。ウケることはウケたんですが、なんせ1回の収録で、10分間ずつ、4回もやらなきゃならない。これを3週間続けると、2時間も独演会をする計算になります。ついに4週間目で、持ち芸をすべて出し尽くした。もうだめだ。ネタがなくなった。仕方がない、最初のネタに戻すか。

「えー、それではみなさん、私の一番好きな民謡をちょっと歌わせてください」

「それ、もう聞いたぞ」

客席から怒鳴られた。客席には親父さんの熱心なファンや常連さんが多いわけです。

ヤジを耳にした瞬間、ブワーンと耳鳴りが始まり、周りの音が聞こえなくなりました。完全にアガってしまって、何をしゃべっていいか分からない。もう立っているのがやっといったんこうなると、舞台に立つのが恐ろしくなります。来週はどうしよう、どんなことをやろう、不安で居ても立ってもられなくなり、こんなに苦労するんなら、いっそ富士山麓の青木ヶ原の樹海に行こうか、とまで思い詰めたんです。

舞台の犬の落とし物

舞台に立つのが恐ろしくても、とにかく、どうにかしなければなりません。努力はしました。

たとえば、うちの近所に野良犬がいるのを見て、そうだ、これを手なづけて、学者犬にしたててやろう、と。

小道具さんに、燕尾服一式と5枚の紙に1、2、3、4、5と書いて、この紙が舞台に立つようにしてもらいました。

「キャンキャンキャンキャン」と嫌がる野良犬に、無理矢理ちゃんちゃんこを着せて、舞台に連れて出る。

「えー、このワンちゃんのケンタ君は、有名な学者犬でございまして、1たす1は？　と私が聞けば、ちゃんと答えの番号をくわえてきます。さあ、がんばろうね、ケンタくん」

ところが嫌がって、「キャインキャインキャイン」と吠えるばかり。

これがウケた。一生懸命、綱を引っ張っても、チビのくせに力が強くて、踏ん張ってこちらに来ない。そんな悪戦苦闘ぶりがおもしろかったんです。

「さあ、ケンタ君、1たす1は、どれー？」

「キャイン、キャイン、キャイン」

犬はただ吠えるばかり。僕は自分で腹ばいになって、2と書いたボール紙をくわえて、「これでしょ、これでしょ」

お客さんはやんや。

こうして収録が終わり、拍手喝采の中、エンディングの曲が流れだす。植木等が高めのスツールに腰を下ろし、足を組み、「30分いかがでしたか、お別れの時間が来ました。この曲を聞いてお別れしましょう」

音楽が流れる。背景には星の飾りがピカピカ輝く。

「おい、ちょっと待った。臭いぞ。……何だ、こりゃ？」

舞台の上にケンタ君の〝おとしもの〟が、しかも嫌というほど、こんもり。

「おーい、小松〜！」

「はーい！」

慌てて、舞台に飛び出し、ケンタが粗相した物を片づける。

お客さんは大爆笑です。

親父さんも腹を抱えている。客席の笑いがようやく収まり、演出さんから「では、始めましょうか」とサインが出る。

イントロが始まる。なんとか耐えようとした親父さんですが、噴き出してしまい、「ははは、だめだこりゃ」

親父さん、それからしばらく、どこに行っても、誰に会っても、このエピソードを話していました。「こないだ、小松がさ……」、話しかけ、思い出して、またまた大爆笑して続けられない。しばらくこの話題で笑っていました。

独立

こうして付き人兼運転手として3年を過ぎ、4年目を迎えようか、というある日の夕方のことです。NHKの帰り、クルマを運転して、甲州街道から桜上水に出て交差点を渡ったあたりで、親父さんが「おまえ、あれだ」って体を前に乗り出してきました。

「はい、何か？」

「明日から俺んとこはもう来なくていいよ」

あ、え？　クビかな、と驚いていると、

「この間、社長のところに寄っただろう。ここでちょっと待ってろって。実はあんとき、社長に会って、おまえのことを専属タレントとして契約してくれって話したんだ。マネージャーから月給まで全部決めてきたから、おまえは明日、ハンコだけ持って行けばいいからな」

「えっ！」

仰天しました。そして涙があふれ出てきました。うれし涙なのか、何の涙かよく分からない。涙が次から次と溢れ出て来るから、運転もままならない。

「……すいません、親父さん、いったん左側に寄せていいですか？」

「なんだ？　どうした」

「ちょっと停めさせてください。危なくて運転できません……」

夕暮れ時です。ハンドルを握ったまま、どんどん涙が出てくる。肩を震わせながら、しばらく泣いてたら、後ろの席から、

「……うーんとな、別に急がないんだけどさ、そろそろ行こうか」

黙ってうなずき、発車しました。

それまで僕は親父さんに対して「独立させてください」なんて言ったこと、一度もありません。

セールスの仕事を辞めるとき、「いくら芸達者で会社の宴会でウケたからといって、のこのこ芸能界に行くなんて馬鹿じゃないの」と陰口をたたく人もいたようです。そうまで言われながら、会社を飛び出したのだから、失敗したら、戻る場所は無い。そういう覚悟でした。それでもボーヤになる前は不安がありました。付き人って、どのくらいの期間するのかなって漠然と考えて。石の上にも三年というし、3年は当たり前だろうけど、5年かな。ひょっとして、17、18年経って、ものにならなかったら、身の振り方はどうすれば

いいんだろう？　そういうときには、どういう別れが待ってんだろう？「おまえは自由にどっか好きなところに行きなさい」とか「私のところは卒業しなさい」と言われるのかな……。そんなことを漠然と考えていたんですが、いざ付き人になると、独立のことなど考える暇もなく、3年10カ月という月日が経ってました。独立なんて頭の片隅にもないまま、ガムシャラに日々を送っていましたが、親父さんは、きちんと僕の将来のことを考えていてくれていたんです。

焼肉と背広

独立のことを告げられた後、ちょっとした祝賀会がありました。

「今、5時か。飯の支度ができてないな。よし、おまえ、焼肉屋に寄って行こう。おまえのお祝いだ、よし焼肉を腹いっぱい食え」

もうひとりのボーヤも合流して僕のアパートの近くの焼肉店に入りました。

「今日はおまえの、お祝いだから、腹いっぱい食え」

高級な焼肉店で、帰りが遅くなると、親父さんは、しょっちゅう、ここで食べていたんです。

顔なじみの店主が、「植木さん、この小松さん、必ず出世するよ」

「あんた、占いもやるのか？」

「私は占いの専門家だよ」

「え？　占いの専門家だったのか。出世するとよ、良かったな。もっと食え」と言ったら、ついでに来たもうひとりのボーヤが「カルビ4人前」

「おまえがそんなに食ってどうすんだよ」

食べ終わって親父さんのご自宅に行ったら、背広の仕立て屋さんが生地をたくさん持って待っていました。お祝いのために背広をあつらえてやろうと思ったらしいんです。仕立て屋が来るのが6時半とか7時だから、まだ早い。ご飯を食べて帰ればいいって計画だったんです。

「好きなように作ってもらえ」

「ありがとうございます」

その洋服屋さん、強いなまりがありました。

「いや、おめでとね。まんず、この生地だったらば、はあ〜どこさ行っても恥ずかしくねえから」

この人が洒落た服を作れるのかなって思っていたら、疑問と不安が顔に出ていたらしく、親父さんは僕の耳元に顔を寄せ、ちっちゃい声で、「腕はいいぞ」

その日、僕が帰るときには、表まで出て来てくれました。振り返ると、親父さんがずっと見ている。またひょいと見たら、まだ立っている。僕は何度も頭を下げて、角を曲がって帰りました。

しばらくして三つ揃えの背広が完成しました。刺繍で松崎雅臣って僕の実名が入っています。それを知った親父さん、「小松政夫として出発するんだから、小松政夫につくってあげたのに、なぜ松崎にしたんだよ」

何だか恥ずかしくて、わざと松崎雅臣にしたんですけどね。この三つ揃えは今も大切に持っています。ネームを見るたび、あのころのことを思い出せる宝物です。

クレージーの黄金期

僕が渡辺プロと契約したのが昭和43年です。26歳でした。

このころ、クレージーキャッツは、まさに黄金期を迎えていました。

前年、公開された『クレージー黄金作戦』は、日本映画として初めてアメリカ本土でロケを行い、とくにラスベガスのメインストリートを封鎖して撮影されたダンスシーンは、フランク・シナトラさえできなかったものとされ、世界初の快挙とされます。

この大作で、僕も役をもらいました。ナイトクラブの司会者です。役が決まると、大道具さん、美術さん、照明さん、みなさん、我が事のように喜んでくれました。

親父さんが浜美枝さんと飲んでいる。売り出し中の木の実ナナさんが歌う。このときの司会者役です。

台本には台詞もない端役でしたが、僕は思い切りド派手な司会をしました。思えば、これが後の電線音頭の司会者の原型です。

編集の方が「記念に」とこのシーンをフィルムから切り出してくれました。

この大作には、渡辺プロダクション所属のタレントが大勢出ています。ザ・ピーナッツやジャニーズ、ブルー・コメッツなどなど。また若大将として人気の加山雄三さんもゲスト出演しています。

映画は観客動員300万人に迫る大ヒットとなりました。

クレージーキャッツは人気絶頂の黄金期を迎えていましたが、変化の予兆もありました。この映画には、次世代の人気グループも出演しています。デモ隊の役でワンシーン出演したザ・ドリフターズです。その中には植木等に憧れて芸能界に飛び込んできた加藤茶さんの姿もありました。

幕間

豪華絢爛の披露宴

僕は結婚したのは昭和51年、34歳のときでした。親父さんに報告とご挨拶にうかがいまして、こう切り出しました。「親父さん、仲人お願いできますか?」

「そんなの当たり前じゃないか」と自分のことのように喜んでくれました。

「それで、式ですが、近所の神社に親戚縁者と友達を何人か呼んで、祝詞《のりと》をあげてもらってから、どこかで食事会でもして、おしまいにしようと思うんです」

もし、盛大にドーンといきます!　なんて言ったら、おまえは駆け出しなんだから、そのへんの神社で手を合わせてればいいんだよ、と言われるか、と思ったんです。

ところが、親父さんの反応は意外なものでした。

「馬鹿なこと言うんじゃないよ。おまえは、もう小松政夫なんだから、きちんとお披露目をするべきだ。近所の神社でポンポンじゃないだろう」

親父さんの言葉に腹をくくり、結婚式をあげるのに会社から大枚450万円の借金をしました。

独身最後の夜は、悪童連中と朝まで飲んで、みんな家に泊まり、そのまま披露宴に駆けつけました。

列席していただいたのが600人という大人数です。

満面の笑顔の親父さんが挨拶してくれました。

「えー、あはははは、えらいことになっちゃった。私はね、一度も仲人って役をやったことないんですよ。しょんべんが近いもんだから、ずっと座ってられないんで、

▲植木ご夫婦が仲人をされたのは、後にも先にもこの小松氏の結婚式だけだった。

いつも断ったんだけど、小松じゃ、もうしょうがないや」

場は一気に盛り上がり、当代のスターが次から次に祝辞を述べてくださいました。沢田研二さん、萩原健一さん、吉永小百合さん、中村メイコさん、田中邦衛さん。数え上げたらきりがない。これもすべて親父さんのおかげです。

おかげといえば、新婚時代、かみさんとふたりだけで、親父さんの豪邸で数日間、過ごしたことがあります。

「家族そろってハワイに旅行に行くことになったから、奥さんと俺の家で留守番をしてくれよ」と言われたんです。「冷蔵庫に食べ物が入ってるから、好きに使ってくれ」とも言っていただきました。

それで夫婦水入らず、庭に築山まである豪邸で新婚生活を楽しめました。

息子が産まれたときも、親父さんが命名してくださいました。僕の本名が松崎雅臣だから、候補はマサノリとマサタカのふたつ。

「どっちかを選べ」

「マサタカがいいです」

だから親父さんは僕と僕のせがれ、2代にわたっての名付け親、ゴッドファーザーです。

二部

灯

❖1幕❖ マネと学び

音楽プロダクションの俳優

付き人を辞め、ひとり立ちして、渡辺プロと正式に契約したのが昭和43年1月1日です。最初の月給は4万円でしたが、半年後には7万円にしてくれました。

独立したとはいえ、自分の仕事があまり無いうちは、それまで通り、親父さんの送り迎えの運転をしました。わりと近くに住んでいますし、どうせ親父さんのレギュラー番組に僕も出てるんですから。

恵まれたことに、映画の仕事がいくつも入りました。

独立した昭和43年公開の『ザ・タイガース　世界はボクらを待っている』と『ザ・タイガース　華やかなる招待』という2本の映画で田村という役をいただいていました。

また、独立した年、渥美清さん主演の『喜劇初詣列車』で、佐久間良子さんの弟役に大抜擢されました。監督は瀬川昌治さんです。

クレージー映画でも、『クレージーのぶちゃむくれ大発見』の俳優役、『クレージーの殴り込み清水港』の牢番役で出演しています。

こうして俳優としての活動が始まったんですが、渡辺プロはもともと音楽プロダクションで、音楽家としてではなく、俳優としての契約は僕が初でした。

代表の渡辺晋さんは、渡辺晋とシックス・ジョーズというバンドでベーシストとして活動した後、渡辺プロダクションを立ち上げ、これをどんどん大きくした辣腕経営者です。テレビ番組の企画から制作までこなして各局に提供していて、一時は「ナベプロ帝国」という言い方があったほどです。所属していたタレントはそうそうたる面々です。ハナ肇とクレージーキャッツ、ザ・ドリフターズ、ザ・ピーナッツ、ザ・タイガース、森進一さん、布施明さん、園まりさん、奥村チヨさん、中尾ミエさん。

もとがミュージシャンのマネジメントを行う会社ですから、音楽家のほうが、立場が上というところがあり、事務所に所属したのは僕のほうが早いのに、後輩の歌手は飛行機で移動、僕は3等の夜行列車でガタゴト行くこともありました。

でも、このことが、今に見ていろ、と気持ちを奮い立たせてくれたもんです。

人気のバンドや歌手が多数在籍していることから、俳優のほかに旅公演の司会をよくするようになりましたが、僕は歌謡ショーの中に、芝居をするところを設けて欲しいと交渉して、コメディアンとしての仕事の機会を作るように心がけました。

初めてのテレビレギュラー

ありがたいことに、独立早々、テレビでの初レギュラーが決まりました。昭和43年5月に始まったTBSの『今週の爆笑王』というゴールデンの1時間番組の司会者です。てんぷくトリオ、トリオ・ザ・パンチ、トリオ・スカイライン、ナンセンストリオ、コント55号が人気を集めていたころ、こうした面々が出演する番組の進行役に大抜擢されたんです。助手が子供落語家として売り出していた雷門ケン坊さん。榎本健一さんが車椅子で審査員をされました。

チャンスですが、実績のない僕にはあまりに大きな仕事でした。すごい出演者に囲まれ、初めての司会ということで緊張してしまい、アガって、アガって、アガりまくり、思うように進行ができません。初回の収録では、録音した親父さんのコメントが流れたら、司会者である僕が感極まって泣いてしまうという事態になりました。プロデューサーは励ましてくれましたが、力不足のまま大役を受けてしまったため、どうにもなりません。結局、7回で打ち切りになってしまうのです。

それでも由利徹さんや三波伸介さんといったコメディアンの先輩と知り合えたことは大きな財産になりました。

それに結果としては、力不足のまま小手先のテクニックに走り、小器用にごまかすようなことをせずによかったとも思います。

修業が足りず、基礎の無いまま若くして頂点に立っていたら、ごまかしながら数年もったとしても、結局は、ダメになっていたんだろうと思います。

悪夢のごとき舞台

テレビに限らず、舞台の仕事でも、まだ名前を知られていない時代、力不足の時代の苦労は、とてもじゃないけど、忘れられるものじゃありません。

このころ、毎年5月になるとクレージーキャッツの大阪公演がありました。僕は昭和42年5月の1カ月公演で抜擢され、1部の芝居で役をもらったんです。この芝居が1時間20分あり、15分間の休憩を挟んで、クレージーキャッツがトレードマークの白のスーツを着て演奏する歌謡ショーという流れでした。

ところが、問題が生じます。1部から2部に移る際、暗転にしたいんですが、暗転にならないんです。今はもうなくなりましたけど、大阪の梅田コマ・スタジアムという2500席の会場だったんですが、大人気のクレージーキャッツということで大入り満員になり、立ち見のお客さんがスシ詰めになってドアが閉まらない。だからライトを消しても、ドアから光が入って暗転にならない。

1部の出番が終わった順にクレージーキャッツのメンバーは2部の音楽会の用意を整えなければなりません。暗転にならないから、いっそのこと幕間をなくして、直接、2部の音楽会に移るようにしようということになったんですが、やはり厳しい。3日、4日と続けたものの、どうしても着替えが間に合わず、毎回、テンテコ舞いになってしまう。

それでもハナ肇さんは、どうしても幕を下ろしたくない。休憩で流れを止めず、自然に歌謡ショーに入りたい、と譲らない。

5日目にハナ肇さんが白羽の矢を立てたのが僕です。

「小松、着替える時間の5分間、ひとりでつなげ」

「え、私が？」

たったひとり、しかも200人とか300人じゃない。3000人のお客さんの前です。うわ、どうしよう……。たしかに芝居では役をもらっていました。でも、このころはまだ、僕が出て行っても、あ、小松政夫だ！　っていうほど顔が知られているわけじゃありません。

ところが、ハナ肇さん、「欲しいものがあれば、何でもいい、小道具さん、大道具さんに言え。おまえの好きなようにやっていい」と言ってきます。

目をかけていただいたのはうれしいのですが、並大抵のプレッシャーじゃありません。初めの日は舞台に出て行き、「ようこそいらっしゃいました。あたくし、小松政夫と申します。今、ここに出演していたんですが、分かりましたか？」などとしゃべりましたが、会場全体、シーンと水を打ったよう。

これじゃあダメだ。何をすればいいだろう？　考えに考え、なるべく大掛かりなもので勝負しようと、宝塚歌劇団のフィナーレで使うような白い大階段を引っ張り出すことにしました。

芝居が終わると幕を下ろさないまま、機械で白い大階段を仰々しく出す。僕は姿を見せないまま、ただナレーションだけを流す。

「みなさま、ようこそいらっしゃいました。クレージーキャッツショー、いかがでございますか？　さあ、今日はわざわざ東京から応援の歌手の方に駆けつけていただきました。その名は、布施明さーん！」

客席がどよめく。「え！　ほんとー？」「うわーっ」と拍手が起こる。

『恋』のイントロが流れ、「恋というものは〜」と歌声が響き渡る。これ、布施さんじゃなくて、僕の歌声です。

大階段の一番上から、僕が登場する。ジャンパーを着て、長靴を履いた作業員風のいでたち。

「あ、俺、この歌、ここまでしか知らないんだっ」

お客さんはドッと沸く……かと思いきや、シラ〜。大きな劇場を埋め尽くしたお客さんは黙ったまま。

「失礼しました〜」

慌てて引き揚げました。

まるでウケない……動けなくなるくらいの衝撃を受けました。次はどうしようか……。

翌日、苦し紛れにひねり出したのが、当時、流行していたキックボクシングです。音声さんにキックボクシングの音を頼み、パンツ一丁の裸になり、試合の前の儀式の踊りを見よう見まねで5分間やってみた。

これも反応がない。連日の出し物がまったくウケない。ウケないどころか、クスリとも聞こえない。もう死んでしまいたいくらいの気分でした。

起死回生

ハナ肇さんも「やっぱり元に戻して休憩を入れるかな……」と言いだしました。

僕は「あと1日だけ待ってください」と頼み込み、必死に考えました。どうする……。何をすればいい……。

そうだ、ここは大阪だ、大阪弁で何かやれば、お客さんに伝わるかも……。あ!

ふと思いついたのが、映画評論家の淀川長治さんでした。NET(現・テレビ朝日)の人気テレビ番組『ララミー牧場』で解説をされていましたが、独特な話し方をされるので、どういうわけか、ずっと気になっていたんです。

翌日は、大掛かりな道具は使わず、舞台の下手にエレベーター式のマイクを1本だけ上げてもらいました。

僕は何のへんてつもないスーツを着て舞台に登場する。マイクの前に立ち、あの声色で、「はい、また、また、また、お会いしました。クレージーキャッツのお芝居、ご覧になりましたか～」

なんと、客席で笑いが起きた。

えっ？　なんで？　挨拶しただけなのに？　こりゃいけるかもしれないぞ……。

「さあ、いかがですか。おもしろいねえ。クレージーキャッツのみなさん、お若いですね。でもまあ、実際のお年を聞いたら、びっくりします。あの方たち、平均年齢ね、68歳なんですよ、怖いね、怖いね、サスペンスですね～」

会場はドッと沸いた。この後も、言うことなすことウケました。

舞台裏に引き揚げてきたら、僕の苦労を知っていた裏方さんが、みんな手を取って一緒に喜んでくれました。

メガネもかけていないのにウケた。そこで翌日、自分で眉毛を描いてみたんです。すると、裏方さんたちが、「おいっ！　似てるぞ」

舞台でも、さらにドカドカウケた。

小道具さんものって、「よし、おもしろい物つくってやる！」

こうして画期的な小道具が出来上がりました。黒縁のメガネに眉毛がついていて、紐を引くとピクピク動くという代物です。翌日は、この手動式の眉付きメガネをかけて登場しました。

「はい、また、また、お会いしました〜。さあ、クレージーキャッツ、おもしろいねえ。私ね、うれしいとね、眉毛が動くんですよ」

ピクピクピク。お客さんは大爆笑です。

「まあ、よくご覧なさい、はい、私の眉毛、手動式なんですよ。怖いね〜」

さらにドッとウケる。

意気揚々と舞台袖に引き揚げてきたら、ハナ肇さんがツカツカと近づいて来て、満面の笑顔で迎えてくれました。

「やりやがったな！　この野郎！」

値千金の誉め言葉です。

その後も、この芸を盛り上げるため、小道具さん、大道具さんが興に乗って、いろんな物を作ってくれたんです。テレビの形の枠を作り、その中でピクピク眉を動かすとか。

あまりにウケるので、とうとう1部の芝居でも使おう、ということになりました。劇に、淀長さんの解説がつくという趣向です。

淀長さんに扮した僕が、キャビネット型の大きなテレビを模したフレームの中で解説する。

「はい、もうお時間が来てしまいました。またお会いしましょう。さよなら、さよなら、さよなら、さよなら」

フレームにつけた、お茶の間演芸会場の緞帳みたいなカーテンを下げる。ところが、フレームがバタンと倒れる。上半身はスーツ背広の上着を着ているけれど、下半身はパンツ一丁で、バケツの中に足を突っ込んでる。この趣向も大ウケでした。

こうしてプレッシャーの極致の中、背水の陣で挑んだ大阪の舞台で生まれた淀川さんのモノマネが、僕の十八番になったんです。

親父さんにたしなめられ、認められる

時は流れて、梅田コマ・スタジアムで初めて淀川さんのモノマネを披露してから10年後ぐらいのこと、渡辺プロダクションのタレント総出演の2時間のテレビ番組に出演することになりました。渡された台本を見たらこう書いてありました。


オープニング、華やかに音楽。

そこへ小松政夫の淀長さん登場。3分間。

爆笑のうち幕。


本番が始まり、登場しました。

「はい、またまたお会いしました。さあ、今日はすごいですね。何がすごいんでしょう？まあ〜、いろんな、いろんな、いろんな、いろんな人がね、まあ、どんどん、どんどん阿修羅のごとく出てくるんですよ。まあ、それにしても私、こればっかりですね」

出番が終わったら、親父さんに「ちょっとこっちに来なさい」と呼ばれました。本番中

の舞台袖です。

「この芸は、君が血を吐く思いでつくった芸だろう。それを何で、〝これぱっかしですね〟なんて言うんだ。誇りを持ちなさい。これから、このことを誰かがマネするようなことがあったら、それは君の芸を盗んでいるんだ。淀川さんのマネじゃなく、君のマネをしているんだからな。そのくらいの自信を持たなきゃだめだ」

注意をされながら、僕は心から感動していました。ああ、やっと師匠から認められたんだなあって感じて……。

その後、僕がタレントとして何とかものになったときに、親父さんが言ってくれたのは、「おまえはウケなくても七転八倒やってきた。お客さんが笑わなかったら、笑うまで何とかしてやろうっていう努力がね、すごかったよ」ということでした。

ご本人に遭遇する

ラジオもＮＥＴの『日曜洋画劇場』も淀川さんが出演されるものは、すべてテープに録音しました。たんにモノマネのための研究素材というより、聴くのが楽しみになっていたんです。

ご本人に初めてお目にかかったのは、たしか浅草公会堂の沢田研二さんのショーです。雑誌の取材で沢田さんとの対談のためにお見えになったんです。

みんなで楽屋で談笑していると、淀川さんがいきなり入ってきて、あの調子のまま

「沢田さん、どなたですか？」

「はい、僕です、よろしくお願いします」

「まあー、綺麗ですね」

対談の相手、しかも、人気絶頂の沢田研二を知らなかったわけです。

その後、新幹線の車中でばったり、お会いしたこともあります。グリーン車に座っているといきなり後ろから肩を叩かれ、振り向くと、よく知った顔がありました。淀川さんです。

「バアー」

突然、バアーをされて面食らっていると、

「おひとりですか？」

「あっ、はい」

「ちょっとお話ししましょうね」

話を始めようとすると、お連れの人がすぐに呼びに来て、去り際、「手を握らせてください」

握手すると、

「はい、またお会いしましょう」

それっきりです。結局、ほとんどお話することもできませんでした。

淀川さんは、喜劇王チャールズ・チャップリンの大ファンとして知られています。若いころ、チャップリンが新婚旅行で神戸を訪れることを知り、どうにか5分間だけ会う約束を取りつけて押しかけた。本人の目の前で、色々な作品のチャップリンの動きをパントマイムで再現すると、ご本人に気に入られて1時間も語り合うことができたそうです。

そんな淀川さんに、コメディ映画などのことについて、じっくりお話をうかがってみたかったですね。

『シャボン玉』、消える

戦後の焼け跡から立ち上がり、経済成長を続けた日本は、ついに世界2位の経済大国にのし上がります。

ところが、東京オリンピックに続き、渡辺プロダクションも関わった昭和45年の大阪の日本万国博覧会という大きなお祭りが終わると、世の中の流れが変わったかのように感じられる出来事が増えました。作家の三島由紀夫さんの自死、学生運動が盛んになり、公害問題が騒がれる。

芸能の世界でも、1960年代に圧倒的な人気者だったクレージーキャッツでしたが、1970年代に入るあたりから、世代交代の波にさらされることになります。

昭和44年にTBSで始まったザ・ドリフターズの『8時だョ!全員集合』が子供の人気を集めるようになり、演芸ブームの中から飛び出してきたのがコント55号でした。

親父さんの東宝映画主演は、昭和46年の『日本一のショック男』が最後になりました。この作品は、加藤茶さんとのダブル主演作でした。

『シャボン玉ホリデー』のほうも、その後、スタイルを変えて続きましたが、昭和47年10

月1日にとうとう最終回を迎えることになります。

親父さんも色々な思いはあったでしょうが、〝無責任男〟との決別には感慨深いものがあったはずです。

時代は移ろい、人々が求めるものはつねに変化していくものだ、と達観する人もいるでしょう。

でも、「変化」という簡単な言葉で片づけてよいことなのか。

クレージーキャッツは、それこそ子供からお年寄りまで国民的な人気をほこっていました。大学生やインテリ層にもウケていた。人格的にもみなさん優れていた。人気があるからといって威張り散らすこともない。しかも、クレージーキャッツのみなさんにはミュージシャンとしての実力がともない、磨き抜かれた技術を備えていた。

「変化」という簡単な言葉で、こういう素晴らしい人たちの活躍の場が失われていいのか。

いまだに釈然としません。

伊東四朗さんとのコンビ

僕の仕事の転機のひとつになったのが、三波伸介さん、戸塚睦夫さんとの、てんぷくトリオで人気を博した伊東四朗さんとのコンビ芸でした。

最初にご一緒したのは、平凡太郎さん、石井均さん、逗子とんぼさんが出ていたフジテレビの『ただいま昼休み』という番組です。

その後、ＴＢＳで土曜日の昼にやっていた『お笑いスタジオ』という生番組でも、ご一緒しました。

中田カウス・ボタンさん、海原千里・万里さん、レッツゴー三匹などが出演されていて、研ナオコさんが一躍人気者になった番組です。

この番組で、僕は、伊東さんが旅回りの一座の座長・演出家、僕が花形役者という設定のコントをやりました。

45分の生番組です。しかも今よくあるような、思いついたことをしゃべるような「バラエティ」ではありません。前日の金曜日の夕方から深夜までみっちりリハーサルを繰り返し、当日は8時半に入り、カメリハやランスルーなど入念に準備をしてから、正午からの本番に備えます。

本番が始まると、タイムキーパーがストップウォッチを見ながら、芝居の場面場面で時間を調整するため、もっと早く進行して欲しいという「まき」や、もっと遅くという「伸ばす」を指示してきます。

一度、タイムキーパーから「2分間まき」の指示が来たことがありました。

あれだけ念入りに準備をしたのに、2分もまかなければならないのか？　アセりました。即興で芝居の内容を見直さなければなりません。伊東さんとその場で打ち合わせをして、どうにか、きっちり2分間まきました。

めでたく、「それでは、みなさんまた来週」と挨拶したら、タイムキーパーが申し訳なさそうに「すみません、時間を間違えてました。2分間伸ばしで……」

緊張感のある仕事でしたが、これでだいぶ鍛えられました。

伊東さんとは正式にコンビを結成したわけではありませんが、息が合い、この後、長く仕事をご一緒することになります。

『笑って！笑って!!60分』の小松の親分さん

伊東さんと僕は昭和50年からＴＢＳ系列で始まった『笑って！笑って!!60分』に出演することになりました。

土曜の昼間に放送される番組で、制作は渡辺プロダクションです。初代の司会者がジェリー藤尾さん。出演したのが、ザ・ハンダース、ずうとるび。

この番組でも、伊東さんとコントをやりました。人気になったのが、小松の親分さんのコントです。

ハンダースが学生、伊東四朗さんと僕がやくざに扮する。僕が演じる親分はちょっとしたことですぐに落ち込み、うずくまってしまう。すると伊東さんが「ずんずんずんずん、小松の親分さん、小松の大親分」とはやす。親分さんは元気を取り戻す、というパターンです。

小松の親分さんは実体験がもとになっています。

地方のキャバレーで飲んでいるとき、一見して、その筋と分かるシブい二枚目の男性の席に呼ばれ、一緒に飲むことになりました。いかにも腕っぷしの強そうな若い衆3人が取り巻いています。しばらく飲むうち、二枚目のお兄さんが「今から俺ん家に寄ってくれ」と言い出した。

「あの、どうしてですか？」

「俺の女房が、あんたのファンでよ。連れて帰って驚かせたいんだよ」

マンションに連れていかれると、そこにも丸坊主の大男がふたりいて、お兄さんが足を出すと、靴を脱がせる。

「ここで待っててくれ」

お兄さんが奥に進んで行き、奥から声が聞こえる。どうも様子がおかしい。何だか、奥さんに叱られているようです。

「ほんとに来てんだもん。ほんとだもん」

奥から聞こえてくる声は、先ほどまでのシブい低音とかなり違います。

しばらくすると、ふたりが奥から出てきました。お兄さんは奥さんを後ろから目隠ししています。

「まだだよ、まだだよ、ほら」

目隠しをサッととる。

「あらあ！」と驚く奥さん。

お兄さん、そこから人格が一変したかのように、「ささ、上がってよ、小松ちゃん、ビールでいいかな。そうだ、寿司とろうか、寿司」

坊主頭が電話をかける。

「……あの、寿司屋、終わったそうですが」

「何い！　馬鹿野郎、電話よこせ！」とひったくり、「てめえ、俺を誰だと思ってるんだ！つべこべ言わず、すぐに3人前握って持って来い！」

ここでまた口調が一変して、「ごめんね、小松ちゃん、すぐに寿司来るからね」

この体験をもとにした小松の親分さんのキャラクターが有名になって、地方で夜道を歩いていたら、「これは小松の親分さん！」と声をかけられ、振り向くと、見るからに本職の方で、「おう」と答えるわけにもいかず……ということも、たびたびありました。

電線音頭

伊東さんと僕のコンビは活躍の場を広げていきました。昭和51年からNETで始まった番組が『みごろ！たべごろ！笑いごろ!!』です。月曜日の午後8時から放送される番組で、キャンディーズ、伊東さんと僕がレギュラーでした。

実は人気番組になるまで、かなり苦戦してたんです。視聴率がとれないから、あと何回かで打ち切りということになり、最後は好き勝手にやろうとなって、そこから生まれたのがデンセンマンです。

電線音頭を考案したのは、桂三枝（6代目桂文枝）さんです。最初、町内会のお花見の設定のコントをしているとき、アドリブで踊りだしたのが、おもしろいということになり、独立したコントに仕立てようということになりました。

伊東さんは髪を逆立てて、ヒゲを描き、大きな蝶ネクタイに長靴。手には鞭。

「何ですか？　その恰好は」

聞くと、伊東さん、台本の裏に自分で絵を描いて提案したといいます。

「こんなばかばかしいコントは2、3週で終わるだろうから、顔がよく分からないようなデザインにした。伊東四朗だと分からないようにするため、名前も変える。ベンジャミンにしようかと思う」

コントはこんなパターンです。東八郎さんが踊りのお師匠で、キャンディーズと清水アキラさんやアパッチけん、アゴ&キンゾーなどのザ・ハンダースに日本舞踊を教えている。すると『軍艦マーチ』が鳴り響き、きんきらの衣装の伊東四朗さんと僕が登場する。ベンジャミン伊東が「支度をせんか、支度を！」と叫び、用意されたコタツに僕が飛び乗る。

「本日はニギニギしきご来場、誠にありがとうございます。あたくし、四畳半のザット・エンターテイメント、小松与太八左衛門でございましゅ。ご紹介しましょう！ ベンジャミン伊東！」

ベンジャミン伊東がコタツに飛び乗り、踊り出す。

チュチュンがチュン
チュチュンがチュン
電線にスズメが三羽とまってた
それを猟師が鉄砲で撃ってさ

煮てさ　焼いてさ　食ってさ
ヨイヨイヨイヨイ　オットットット
ヨイヨイヨイヨイ　オットットット

伊東さんの意に反し、デンセンマンが『電線音頭』を踊るコントの人気は爆発的なものになり、社会現象にまでなってしまいます。レコードも『デンセンマンの電線音頭』や『しらけ鳥音頭』が爆発的に売れました。

ベンジャミン伊東の扮装は伊東四朗さんの手書きのスケッチがもとですが、デンセンマンのキャラクターデザインのほうは、『仮面ライダー』でおなじみの石森章太郎（後の石ノ森章太郎）さんによるものです。ニューギニアの火力発電所から100万ボルトの送電線にのって日本にやってきたという設定のデンセンマンのスーツを着ていたのが、後のオフィス北野の社長の森昌行さん。『電線音頭』を踊らせられるのが伝説のアイドルのキャンディーズでした。才能をもった一流の人たちが集まって、ハチャメチャなコントを展開していたわけです。

人気になった電線音頭は、出前と称して、スタジオを飛び出して、消防署や結婚披露宴など色々な場所でロケをするようになりました。警察学校に出前して、白バイ隊のみなさんに踊ってもらったこともあります。

逗子の陸上競技場でやったときは、大変な人出になってしまい、通報されて警察署の署長まで飛んでこられました。スタッフがみんな逃げ出して、トラックの真ん中にあの恰好でひとり取り残された伊東さんが警察署長直々に職務質問されていました。

子供たちが真似をしてコタツに乗るようになり、「コタツが壊れた」という苦情がテレビ局に届き、PTAからワースト番組の1位にも選ばれました。

ベンジャミン伊東になったときの、伊東四朗は目つきまでイッてました。当時、友人の藤田まことさんに「伊東ちゃん、どうしちゃったんだ？」と真剣に心配されたとか。

正統派の喜劇役者であり、知的な伊東さんは、極端なキャラクターに扮し、無理やり気持ちを吹っ切っていたのだと思います。

「ねえ、おせ～て」

この番組でも、ネタ作りは、実在の人物をモデルにすることが多かったですね。

僕は、街や電車で人間ウォッチングをするようにしていました。で、楽屋で顔を合わせると、僕が「今日、おかしな人を見かけたよ」と切り出す。

伊東さんが「何？　どんなやつ？」と興味津々の様子で受ける。とにかく僕を乗せるのがうまいんです。

再現すると、伊東さんが笑う。「こまっちゃん、おもしろいな。いつも重箱の隅をつついてくるんだよな〜」

小松の親分さんもそのひとつですが、そのほか、たとえば他にもこんなシーンに出くわしたことがありました。

飲み屋に行ったら、二枚目がカウンターで煙草をくゆらせている。横で水商売風の女が泣き声になっている。

「ねえ、私の悪いところは何でも直すから。どうして？　おせ〜て、ねっ」

「人が見ているから静かにしろよ」

「ねえ、だから、私の悪いところ全部直すから、おせ〜て、ねっ」

相手にされない。ふと、カウンターの反対に視線を向け、僕に気づいて「あら、小松政夫さん?」と笑顔になる。
「はい、どうも」
「いつもテレビで観てますよ」とニッコリしてから、再び二枚目のほうを向いて、涙声で
「ど〜して、ど〜してなの、おせ〜て、おせ〜て」

楽屋でこの話をしながら、伊東さんとふたりで笑っているところに、スタッフがやって来て、「すみません。事情があって、30分、押します」

すかさず僕は「どうして押すの! おせ〜て、ねえ、おせ〜て」

またふたりで爆笑。

伊東さんとはタイミングというか、波長が合うんです。突っ込みも鋭い。素早くして、的確です。何しろ、あの三波伸介に突っ込んでいた人ですから。

伊東さんとはNETの『みごろ!たべごろ!笑いごろ!!』とTBSの『笑って!笑って!!60分』が重なっていた時期、週4日は会ってました。

マンザイブームへ

『みごろ！たべごろ！笑いごろ!!』の「悪ガキ一家と鬼かあちゃん」というコーナーは、伊東さんが母親、僕とキャンディーズのメンバーが子供という設定のコントです。母親との会話中に場がシラケると、突然、僕が『しらけ鳥音頭』を歌い出す。

キャンディーズの3人が解散を宣言してからは、そのことがコントのネタに盛り込まれました。ミキ（藤村美樹さん）、スー（田中好子さん）、ラン（伊藤蘭さん）の順番にネタを出し、ランだけが場をシラケさせてしまい、柱にもたれて泣き出す。

「ラン！　私たちには時間がないのよ」

▲『みごろ！たべごろ！笑いごろ!!』の「悪ガキ一家と鬼かあちゃん」の1コマ。

「さあ、笑って！」とミキさんとスーさんが励ますと、

「うん」と顔を上げる。

キャンディーズの解散が近づくにつれ、この番組は異様なほど盛り上がっていきました。

僕はうれしい悲鳴です。番組がヒットし、仕事も増え、テレビのレギュラーを数本抱えてがんばりました。体を酷使したコントでコケ過ぎたためか、このころ、膝に水がたまり、近所の外科で抜いてもらっていました。

伊東さんと僕がやりたいようにやった番組が、その後、フジテレビの『オレたちひょうきん族』につながったようです。プロデューサーをされた横澤彪さんも「影響を受けた」とおっしゃっていました。

横澤さんがプロデューサーとして手掛けた関西テレビの『花王名人劇場』やフジテレビの『THE MANZAI』が漫才人気に火をつけ、昭和55年あたりからマンザイブームが始まります。このブームを引き継ぐように『オレたちひょうきん族』が人気番組になり、ビートたけしさんや島田紳助さん、明石家さんまさんが、人気を不動のものにしていきました。

このころ親父さんが、雑誌のインタビューで「弟子筋だから言いにくいが、小松政夫と

伊東四朗さんのコンビは秀逸だね」と答えた記事を見たときは、うれしかったですね。

ちなみに当時、親父さんと伊東さんと3人でよくゴルフに行きました。

親父さんのゴルフは明朗闊達そのものです。スコアなんて小さいことは気にしない。アドレスのときも、「伊東ちゃん、笑っちゃうのがさ」としゃべり続けながら、カコーンと打つ。初めて目にした伊東さんは目を丸くしていました。

ハチャメチャなコントに真剣に取り組む

僕らがやったことは、お茶の間でご覧の方からすれば、ハチャメチャだったと思いますが、いたって真剣に取り組んでいました。

今のテレビのバラエティ番組の中には、スタジオに入るなり、「何かおもしろいことといっぱい言ってください」と言われ、打ち合わせもそこそこに収録が始まるということもあります。

しかし当時は、1本の番組を作るのにリハーサルに2日、本番に2日かけていました。

5分間のコントのネタづくりでも、どうしようか、うんうん唸る。行き当たりばったりというのはありません。稽古もきちんと重ねました。

コントがまとまると、テレビ局のプロデューサー、ディレクター、大道具さん、小道具さん、音声さん、カメラさん、各部署の親玉にずらっと並んで、見てもらう。よし、いける、となれば、セットを組む。組んだセットで再びコントをやってみる。親玉たち、セカンド、サード、今でいうADさんにも見せて再確認する。

そして初めて本番となる。

今は賑やかしに本番中に大笑いするADさんがいますが、当時のテレビ局のスタジオは、制作スタッフが声を出して笑うと叱られたものです。「演者さんが真剣にやっているのに笑うとは何事だ！」と。

それでも本番中、カメラマンが笑いをこらえきれず、肩を揺らしているのが見えると、演じながら、やった、と手ごたえを感じたものです。

小道具にも工夫しました。たとえば、頭を叩くため、ベニア板を2枚合わせたシャモジを作りました。隙間があるから、痛くないけれど、パーン！　と派手な音がするんです。

本番直前の打ち合わせも綿密に行いました。伊東さんとふたり、トイレに行ったふりをして、カメラ割の確認をしたこともあります。伊東さんが「ここで俺の顔にカメラがぐっと寄る。ここでニンドスハッカッカ、ヒジリキホッキョッキョを入れよう」とか、細かい打ち合わせをする。

伊東さんは生真面目で、昔ながらの喜劇役者なんです。

かくし芸の応援

伊東さんと僕の出番は最初、ほんの短い時間、人気者が出演するコーナーの合間に、お茶を濁すような出方でしたが、人気が出て話題になると、どんどん大きなコーナーになりました。

このことからも、どんなに小さい役でも、目いっぱい取り組まなければならない、という思いを強くしました。

テレビや舞台を観る人たちは、本気の姿を観たいんです。

僕は若いころは、アイドルの運動会や水泳大会、クイズ番組にもよく出ましたが、こういうときも、絶対に優勝しなければならない、という思いでつねに真剣に取り組みました。

たとえ、ニコニコしていても、腹の中でも闘争心を持ち、絶対に勝つんだ、と。勝負がかかっている番組であれば、本気で勝とうとするからこそ、観ている人を楽しませられます。ただ、おもしろおかしく、にぎやかしをしていればいい、と思ったらダメなんです。

そんな番組のひとつが、個人の仕事が多くなったクレージーキャッツのメンバーが集結するフジテレビの『新春スターかくし芸大会』（昭和44年までは『ポピュラー歌手かくし芸大会』、平成6年〜平成22年は『新春かくし芸大会』）でした。渡辺プロダクション制作で、一時期は、大晦日の『NHK紅白歌合戦』と並ぶ、年末年始の恒例番組として定着していた大人気番です。

昭和40年の第2回から、西軍のキャプテンを親父さん、東軍のキャプテンをハナ肇さんが務めています（第1回は西軍・藤田まこと、東軍・三木のり平）。僕は親父さんがキャプテンの西軍の応援団長を務めました。副団長が沢田研二さんです。

応援団の経験のある僕は団長として真剣に応援しました。自分だけ目立つつもりはなく、画面に映ろうが映るまいが、とくかく若い人たちにがんばってもらうため、この場を盛り上げるのが自分の仕事だと考えていました。恒例の人気番組ですから、若い人にとっては大きなチャンスの場です。かくし芸を真剣にやり、結果を出せば、スタッフは必ず気づいてくれます。

うれしいことに、そういう気持ちで一生懸命やっているうち、ディレクターさんから「小松を呼ぶと、楽屋の雰囲気づくりがうまくいく」と言われるようになりました。テレビ局が総力を挙げて製作し、ディレクターの6割近く、30人以上が取り組む大きな番組でした。

一時はフジテレビの看板番組のひとつになり、昭和55年には48・6％の視聴率を記録しています。

僕が番組を退いたのは１９８０年代の後半です。東西のキャプテンも交代し、アイドルや若手タレントへと世代交代が進み、渡辺プロダクション以外のタレントも出演するようになりました。

かつて国民的な人気を誇った『新春かくし芸大会』ですが、やがて、まともにかくし芸をやらず悪ふざけですませる芸人が現れ、視聴率も低迷していきます。ついに、平成22年の総集編をもって終了しました。

バラエティと喜劇

テレビでご一緒した方から、色々なことを学びました。

東八郎さんには「シリアスな芝居は誰でもできる。喜劇は難しい。舞台で髪を振り乱して、跳ね回って、パンツ一丁になって大汗かいて、最後にお客さんをホロリとさせる。それが喜劇だ」と教えられました。

こうした先輩方に接するうち、お客さんを笑わすだけの芝居は喜劇ではない、と思うようになりました。喜劇は「笑う劇」ではなく、「喜ぶ劇」と書くわけです。コントは喜劇を凝縮したものですから、芝居のできない人にできるものではない、とも思います。

今のバラエティ番組は、反射的におもしろく切り返せればいい。それがひとりでできないなら、ひな壇をつくればいい、という感じに見えます。もしくは、誰かをいじり、リアクションを見せるか。

かつて『シャボン玉ホリデー』という番組を体験した僕らが「バラエティ」と言うとき、それはバラエティに富んだ、という本来の意味でした。歌、踊り、コント、それぞれ一流の芸が集まってひとつのショーを創り上げる。

パロディというのも、本来は本物をきちんとこなせる人でなければこなせないもんなんです。

年寄りのよくやる、昔はすごかった、今の若者は云々、という話になってしまいますが、昔はきちんとしたパロディができる喜劇役者がいました。それこそ、本職の歌舞伎役者が真っ青になるぐらい本格的な隈取が自分でできるとか、踊りの所作を身につけているとか、こうした技術が無いと、コメディアンとはいわれなかったもんです。

たとえば、『忠臣蔵』の松の廊下の場面、憎たらしい吉良上野介になりきる。

「浅野殿は、イモじゃ、イモじゃ、イモ侍じゃ」

「おのれ」

「おお、斬るか？」

こういう芝居がきちんとできたうえで初めて、長袴を踏まれてずっこけるというパロディが活きるわけです。

今は、こういうパロディをなかなか目にすることができません。本物を知っている演者が少なくなったのでしょう。それに、お客さんのほうも分からない。それこそ昔は『国定忠治』や『ハムレット』のパロディをやると、客席には、よく知っているお客さんがいて、少しでも間違えると、「今の台詞は違うぞ」とヤジが飛んできたものです。

すべてやれるのがコメディアンです。歌も、タップダンスも、日舞も。芝居なら歌舞伎、新派、新国劇の名場面をよく知っている。そういう人でなければ務まらない。コメディアンの世界はそれだけ奥が深い。半世紀続けてきた僕も、まだ道半ば、生涯、登り続けても、頂上に到達できそうもない巨大な山のように感じています。

コメディとキワモノ

僕は若いころから、旬が過ぎれば消えていくキワモノにはなりたくない、という気持ちがありました。

突拍子もないこと、珍妙なことをすれば、目立つかもしれない。ブームになれば、しばらくは人気者扱いされるかもしれない。でも、それは一時のもので、飽きられれば、はい、おしまいです。

世に出るため、足がかりとしてインパクトの強いことをやるのはいいんです。手段として用いるならば。でも、身につけた芸が無く、地力が無いまま、たとえ目立っても、その先の方向を見つけ出していかなければ、一過性の人気で終わります。

僕は自分のギャグをギャグではなく、流行り言葉ととらえてました。ギャグというのは本来、練りに練られた台本の上に成立するものです。そうではなく、あくまでも流行り言葉という意識だったから、言い放って、惜しげもなく捨ててきました。消費される前に自分から、どんどん消費していこう、と。

あのころ、流行語大賞があったら、小松さんが毎年受賞していましたね、と言われることがあります。

また以前、僕のファンだという、あるテレビのプロデューサーから「小松さんのギャグを数え上げたら86個ありました」と報告されたことがあります。

口をついて、とっさに出たフレーズとはいえ、全部に実在のモデルがいます。

「もーイヤ、もーイヤこんな生活！」はふと耳にしたホステスさんの会話です。

相手の両肩に手を置き、膝を曲げて軽く押さえる「ど〜かひとつ」は、セールスマン時代、女性専門に自動車を売っていた同僚のセールストークです。

「ながーい目で見てください」は、オカマの独り言です。これは両目尻を手で横に引っ張り長く伸ばしながら。

「ニンドスハッカッカ、マー！ ヒジリキホッキョッキョ！ トーベトベトベガッチャマン〜、ガ〜ッチャマンニマケルナ、マケルナガッチャマン、ワ〜！」。こんな言葉にもモデルがあります。最初の2フレーズは小学校時代の担任の女の先生が僕を励ましたいときに使った一種のおまじないなんです。

「表彰状、あんたはエライ！ 以下同文……」は、旧日本兵の小野田寛郎さんが戦後29年ぶりにフィリピンのルバング島から帰国した際、空港で小野田さんの母親がかけた言葉がヒントになりました。

実の父のこと

実の父親のことでも色々なネタを作りました。

たとえば「痛えな、痛えな、痛えな、痛えな」

父は僕が13歳のときに亡くなりましたが、生前は僕にとっては恐怖の対象でした。典型的な九州男児の亭主関白です。僕は7人兄姉の5番目です。家族は9人、全員そろわないと、おふくろは、ご飯を食べさせてくれない。とくに父親が帰ってくるまでは、絶対に食べられない。電話も無いから、何時に帰ってくるか分からない。夜9時、10時になっちゃうこともある。それで、ようやく「いただきます」って言って食べながら、少しでも話をすると、「静かに食べんか！」

ニンジンを箸でつまんで、皿の脇に置くと、

「今のは何だ？」

「ニンジン嫌いだから」

すると、象牙の箸を持ち替えて、太い方で、バチーン！　と来る。

「痛えな、痛えな、痛えな、痛えな」

僕がふざけるもんだから、またバチーン！　そうしたら、ポタ、ポタって血が、ご飯の上に落っこちちゃって。よせばいいのに、またふざける。「あれ、辛子明太かな、ご飯が美味しくなった」

また、バチーン！

こりもせず、「痛えな、痛えな」

僕のキャラクターのひとつ、政太郎坊やも、実の父親がいなかったら生まれていなかったかもしれません。だから、まあ、僕の仕事に貢献してくれているということなんでしょ

う。

ところが、僕としては叱られた印象ばかりが強く残っているのに、母親に言わせると、「7人の子供のうち、僕のことをもっとも可愛がっていて、よく釣りに連れ歩いていた」とか。思い起こせば、確かに防波堤や船釣り、山の中の渓流釣りとあちこちに行きましたが、釣りに関しても残っているのは恐怖の記憶なんです。

ある日、ふたりで磯釣りに行ったときのこと。船から、かなり離れた磯に跳び移らなければならない。波は高い。「跳べ！」と命じられて、思い切って跳んだら、ちょうど大きな波が来て、頭から岩にぶつかり、顔が血だらけになりました。ところが、父親は「帰ろう」とは言わない。血だらけのまま1日、釣りをしました。

明治生まれの教育者ですから、一人前の男として育てるためにあえて

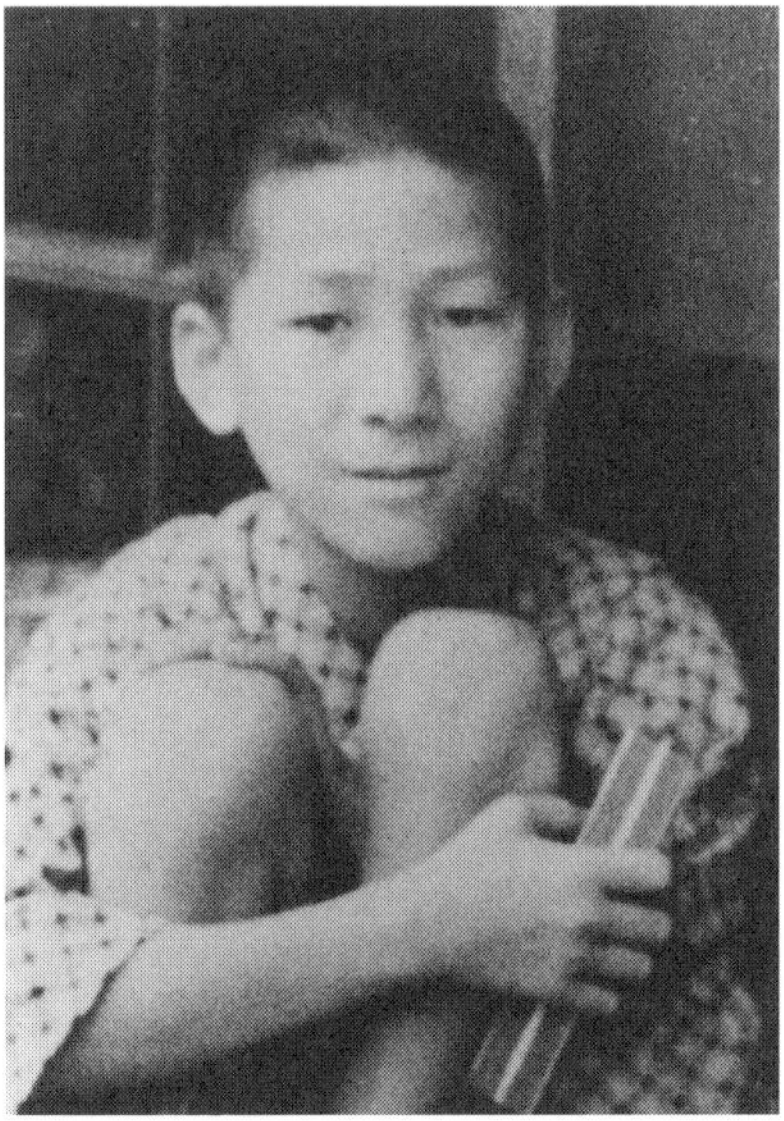

▲小学生のころ。手にしているのはハーモニカ。

厳しく躾けたのかもしれません。

僕の前では厳しいばかりの父親でした。ところが、外の人に対してはひょうきんな面もあったようだというから、人間、分からないものです。

観察眼を褒められる

もうひとりの親父さん、植木等さんは、芸についてよくこんなことを言っていました。

「俺のマネをしたってダメなんだよ」

また、よくこうも言ってました。

「芸は手取り足取り教えるものじゃない。あそこはこうしたらいい、というのは個人の差だ。俺は演出家ではないから、そういうことは言わない。それより、人の芝居をよく見なさい。〝ああ、あの人の芝居が好きだなあ〟と思ったとき、その人をよく見ていれば、それは身につく。〝あの人の芝居が好きだ〟と感じたらモノマネをすればいい。好きな俳優の芝居をよく見て、良いところを吸収するんだ。暇があったら、その好きな人の芝居をジーッと見なさい」

こと細かに、ああしろ、こうしろ、と指図はしない。それより、自信を持たせることで、自分で考えて、自発的に取り組むように仕向ける。そういう教え方でした。その教えのもとで僕のベースが形成されました。

まだ売れないころ、親父さんには常々こう励まされていました。

「おまえは、モノマネがうまい。モノマネがうまいというのは、観察眼が優れているということだ。大いにけっこう。どんどんやれ」

もともとモノマネはセールスマン時代の宴会で色々やっていました。エノケンさんとか、大河内傳次郎さん、大友柳太朗さん、森繁久彌さん、竹脇無我さんのお父さんでアナウンサーだった竹脇昌作さんのニュース解説とか、政治家の吉田茂さんとか。

親父さんの励ましの言葉を頼りに僕はモノマネのレパートリーを増やしていきました。タレントや政治家といった著名人だけでなく、英語のボクシングの中継とか、中国語の京劇とか。やがてタモリさんとやったテレビの特番でよく出てくるような「UFOを見た」という村人の証言といった独創的なネタにも取り組むようになりました。

幅広く練習したことがすべて身になりました。「引き出し」という言い方がありますが、いちいち引き出しを探るようではいけません。誰かに振られたら、即座にポンと出てくるようでないと。

やがて僕は著名人だけでなく、日常生活で見かけた人を観察するようになりました。僕の流行り言葉は、ほとんどが実際に会った人、見かけた人がモデルですが、別にアンテナを立ててネタを探し回っているわけではありません。人間に興味や関心があれば、自然にアンテナにひっかかってくるものです。人間というのは誰しもおもしろい存在です。ちょっとした瞬間のしぐさ、言葉に、人生や人間性が垣間見られる。ここにおもしろみを感じるようになり、やがて、これを芝居に生かしたいという思いが強くなったんです。

❖ 2幕 ❖ 素と役

『前略おふくろ様』

テレビドラマの初出演は日本テレビの『花は花よめ』です。吉永小百合さんが主演で、淡島千景さん、佐野周二さんが出演されていました。僕は、芸者の吉永さんに入れあげている金物屋の若旦那という役回りでした。

この後、岡崎友紀さん主演の『なんたって18歳!』や『だから大好き!』というコメディにも出演しました。

『風の中のあいつ』は、萩原健一さんの黒駒の勝蔵の敵役で、最初、2～3回の出演のはずが、最終回まで出続けることになり、同じ萩原さんの『前略おふくろ様』にも出演することになりました。僕は萩原さんが演じる三番板前の片島三郎が勤める料亭「分田上《わけたがみ》」の先輩の政吉役です。

室田日出男さんや川谷拓三さんが蔦を演じたんですが、あまりの迫力に、視聴者から「本物のその筋の人を出演させているのではないか？」という問い合わせがあったそうです。

萩原健一さんは真っすぐな人で、作品にかける気持ちがとても強く、そのあまり、ときには周りのスタッフと衝突していました。僕に対しても、呼吸が合わないと、遠慮なく言ってきます。

収録していた生田スタジオには役者それぞれに控室が与えられています。ふたりで控室に戻るとき、萩原健一さんに「おまえがとんとん台詞を返さないから、やりにくい」と言われました。

思わず、「えっ、俺のせい？」と答えてしまい、大声で言い争うのはまずいと、「ちょっと表で話そうか」

そう言ったら、萩原さんが自分の控室に入ったまま出て来なくなってしまいました。

「主役を脅してどーすんの」と、渡辺プロダクションの部長さんが閉じこもった萩原さんを説得してくれました。

こっちもピリピリしていたかもしれません。なにしろ仕事をこなすのに必死のころです。

テレビのレギュラーを何本も抱えて、台本は移動するクルマの中で覚えるしかない。ギリギリの状況で打ち込んでいました。

この番組の企画・原案の脚本家の倉本聰さんは、本読みから本番まで立ち会われる人でした。本読みでは、出演者が台詞を読むと、時々、台本に鉛筆を走らせます。台詞を言っているとき、何かを書かれると、ああ、チェックされた、と不安になってしまう。厳しく注文を出されましたが、やがて人づてに「倉本先生が〝小松さんをもっと使いたい〟と言っていたよ」と聞くようになり、やがて、よく飲みに連れて行ってもらうようになりました。

神楽坂の座敷で「小松の芸を観る会」を開いてくれたことがあります。俳優の中条静夫さん、岡田眞澄さん、柳生博さんが来られましたが、倉本先生とふたりで大きい犬と小さい犬のえさの取り合いといった寸劇や全員参加の即興劇をやって大いに盛り上がったものです。このときの芸が、その後タモリさんとのネタや「ひとり芝居」でやる一発芸のもとになりました。

シリアスとリアル

テレビドラマに多く出演するようになって、考えたのは、リアルとは何か？　ということでした。

僕なりの結論は、舞台の芝居のように大げさな表現ではない。ドラマで役をもらったら、現実の人物に置き換えて演じることで生き生きとした人間を演じられる。リアリティが生まれるというものでした。

「脚本は役者の足に過ぎない。これを広げられるのは役者だ」

僕の大好きな演出家の久世光彦さんは、そう言われました。

ある役を演じ、広げるとき、役立つのが人間観察です。

ところが、シリアスな内容のドラマに出ると僕がコメディ畑の人間という色眼鏡で見ているようなスタッフがいます。「あ、すいません、小松さん、これシリアスなもんで」

「分かっていますが」

「いや、まだコメディタッチなんで」

「僕は悲しいとき、こういう動き方やしゃべり方をした人を見たことがあります。そのとき、物すごく気持ちが伝わったんです」

そう答えたこともあります。

生意気な言い方をしますが、人を笑わせるより、大げさに嘆き悲しむふりをするのは簡単です。深刻そうな声を絞り出し、眉間にシワを寄せる。それがリアルな芝居だと思っているなら、僕は違うと思う。悲しさを表現するのに、涙を流せばいいというもんじゃない。リアルな人間の振る舞いはそんなに単純なものではありません。


僕の大切な恩人の秋元近史さんは、青春時代を『シャボン玉ホリデー』に身も心も捧げた演出家で、まるで燃焼し尽くしたように、50歳の若さで亡くなりました。

葬儀にうかがうと、3年前に結婚したばかりの奥様が妙に明るいんです。とはいえ、よく見ると、対応する人が途切れると、沈んだ顔をされている。

ああ、心配かけまい、と気丈に振る舞っているんだな、と思ったら、その笑顔が悲しくてたまりませんでした。

奥さんとしては、故人は賑やかなことが大好きだったから、みんなで楽しく、宴会のような葬式にして送り出してあげよう、という気持ちだったのでしょう。翌日、火葬場でも、待っている間、「もうすぐ、こんがり焼かれて、楽しく逝きますよ」なんて言いながら努めて明るく振る舞っている。骨壺に遺骨を入れる段になっても、小さな声で「ちょうちょ」を口ずさんでいる。ところが、

「奥さん、喉仏を」

そう促されて、箸をつかんだ瞬間、奥さんの手が大きく震え出し、みるみる体全体が大きく揺れ出した。独りで立っていられない。みんなで抑えた。それを見て、居合わせた人がみんな堰を切ったように泣き出しました。床に泣き伏す人がいる。壁に寄りかかって号泣する人がいる。

「シリアスな芝居」と軽々しく口にする人がいます。生身の人間の悲しさを踏まえたうえで、「シリアス」と言っているのか？　そう問いたくなるときがあります。

ひとり芝居

親父さんから「おまえはモノマネがうまい。観察眼があるからだ」と言われたことが頭

にあり、芸能人のモノマネをしているうち、この世にいるあらゆる人を観察し、マネしてみたらどうか、と発想するようになります。

これが昭和57年以降、続演することになる、ひとり芝居につながりました。ある人間の言動をリアルに再現したら、どうなるか。これを追求するのが、僕のひとり芝居です。お客さんは、ああ、あるある、俺もよくやる。そういうおもしろさが感じられる芝居をしてみたかったんです。

話が具体化したきっかけは、ある劇場関係者からの、小松さんひとりで何かして欲しい、というお話でした。

そこで、酔っぱらってボロいアパートに帰った独身のセールスマンが眠りにつくまでをひとりで演じたい、と申し出たんです。

酔って機嫌のいい男が帰宅する。たたきで靴を脱ごうとしてよろけて、万年床に倒れる。そのまま1分間くらいジッとしている。いきなり身を起こして靴を脱ぐ。布団をかぶる。また1分くらい寝るけれど、また起き出して、スーツを脱ぎ、ハンガーにかける。このような芝居を1時間半続けました。

題して『四畳半物語』。小さな劇場ですが、放送作家の高平哲郎さんや滝大作さん日高はじめさんといった一流のブレーンが協力してくれました。また、桃井かおりさんが協力して、ナレーションを入れてくれました。

自分の笑いを見つめ直したいという思いから始めたショーでしたが、これが大好評で、興行的にも成功を収めました。

その後、目黒の鹿鳴館という劇場で、ひとり芝居と瞬間芸を上演することになり、座席を外して、桟敷席にして600人入れるようにしました。

ある日、演じていると、客席から覚えのある笑い声が聞こえてきます。見ると、渡辺プロダクションの渡辺晋社長です。

すかさず「どなたか、ひきつけを起こされている方はいませんか」といじってみました。ひきつけのような笑い声は一段と高くなりました。

もちろん、親父さんも観に来てくれました。

1日2回公演で始めたんですが、思いのほか好評で、お客さんが入りきらない。小屋主さんがご厚意で、「観られないお客さんが可哀そうだから、3回公演にしますか？」

「3回公演だと、ラストは何時からやるんですか？」

「夜の9時以降になります」

それで3回公演にして、もちろん3回とも全力投球しました。

このとき、親父さんに言ってもらった言葉があります。

「俺のところにいたんだから、大丈夫でしょう」

確かに。当時のあの物すごいスケジュールを経験したら、たいていのことでは驚かなくなります。親父さんは日劇で1日3回公演をしたうえで、テレビや映画を掛け持ちしていたわけですから。


このときの芝居がタモリさんとの宴会芸につながりました。

ちなみにタモリさん、同郷ということもあってか、よく僕の家に来ていました。よく来ていたというより、一時期は入りびたりです。

僕の長男が生まれたとき、団しん也さんとふたりでお祝いに来てくれました。生まれたばかりの長男は、桃井かおりさんからいただいた籐の椅子でスヤスヤ寝ている。

タモリさんは「先輩、ガラガラはなかとですか?」と博多弁で聞いてくる。

「まだいらんと。生まれたばっかりやけん。目が見えんけん」

「そうですか、では、私が」と、自分の大事なところを丸出しにして長男の顔の前で振り出したんです。「えー、ほらほら、ガラガラ」

軽く頭をはたいておきました。今や立派な人格者ですが、タモリさんも若いころは困ったところもあったんです。

ふたり芝居

ひとり芝居は、やがてふたり芝居につながります。

青島幸男さんが主演されたテレビドラマの『意地悪ばあさん』に僕も出ていて、イッセー尾形さんも警察官役で出ていました。青島さんが「イッセー尾形のひとり芝居がおもしろいぞ」と言うので、観に行くと、確かにおもしろい。

「イッセーさん、観させてもらいました。機会があったら一緒にやりたいですね」と言いました。

その後、しばらくして分厚い手紙が届き、「一緒にやってみたい」ということで、平成2年に、イッセー尾形さんとのふたり芝居に挑戦することになります。

第1作は、四国の旅館で相部屋になったふたりという設定です。

刺激的な経験でした。設定だけを決めて、登場人物になりきる。掛け合いの中で筋ができてくる。毎回、エンディングも異なる。台本はあってないようなものですから、1時間半で終わるはずが、2時間半くらいになったりする。

イッセー尾形さんと僕のアドリブの応酬を見るうち、お客さんはリアリティを感じ始めます。たとえば、ふたりでケーキが入っているという想定の箱を大事そうに持っている。もちろん中は空っぽ。でも、大事そうに持っているという仕草を続けるうち、お客さんは引き込まれ、リアルな情景のように感じ始める。最後に、箱を落とすと、「アッ」と客席から悲鳴が起きるんです。

イッセー尾形さんとのふたり芝居に、お客さんは大喜びで、ときには笑い声でふたりの台詞が聞き取りにくくなるほどでした。

用意された台本ではないから、ときには戸惑うこともあるし、ときにはアドリブで珠玉の台詞がポンと出ます。稽古もほとんどしない。それでも数々の名作が生まれました。そうした名作を集めて全国を回りました。

平成17年には原宿クエストホールで15年ぶりに、イッセー尾形さんとのふたり芝居を復活しています。

平成26年には、石倉三郎さんとのふたり芝居『小松政夫×石倉三郎「激突！人間劇場」〜哀愁の人生図鑑』を三越劇場で上演しました。

仕方話の達人

振り返ると、僕のひとり芝居やふたり芝居の原点は、親父さんの語る即興の話だったかもしれません。親父さんはこれが天才的にうまくて、何かのきっかけから物語をどんどん創作していくんです。


たとえば、運転手時代、僕がハンドルを握って、銀座の交差点を通りかかり、赤信号で停止したとき、目の前を目の覚めるような美人が通り過ぎた。

「今、きれいな女の人が通り過ぎただろう」と後部座席から、親父さんが言う。

「はい、おきれいでしたね」

「……彼女、青森の生まれでね」

「え？　ご存じの方でしたか」

「あの子、可哀そうな女でね。大きなりんご園のお嬢さんとして生まれたんだがな」

このあたりから、口調で作り話と分かりますが、話を合わせる。

「え？　可哀そう、と申しますと？」

「蝶よ花よと育てられ、ばあやが世話をして、じいやが学校の送り迎えをして、変な虫がつかないようにしていたんだが、うぶな娘というのは難しいもので、高校一年生のとき、地元の不良に出会って、男に免疫がなかったもんだから、惚れぬいてしまった。親族が集まり、結婚を許すかどうかの会議となったが、父親がどうしても許さない。若い男だから不良なのは目をつむるとしても、あの男はマルクス・レーニン主義にかぶれている」

こんな話を立て板に水、30分も延々と続けるわけです。なるべく具体的に、リアリティが出るように話す。しかも笑いを取る。これを〝仕方話〟と呼んでいました。その後、仕事のとき、いろんなネタでこれをやると、とてもいい勉強になりました。

演じ手の人間性

共演者の芸を引き出すのも芸のひとつです。引き出しながら、自分の芸も出す。舞台に足を運んでくださったお客様の、あの人のあれが見たい、という〝お待たせ物〟をうまくちりばめながら。

伊東四朗さん、コロッケさんもそうですが、勘のいいコメディアンと舞台をご一緒すると、相手の芸を引き出すとともに、人間性を引き出したいと思うんです。これがまた楽しいんです。

ひとり芝居やふたり芝居、あるいは一般の演劇でも、別の人間を演じると、おもしろいもので、必ず、どうしても演じ手の人間性が表れてくるものなんです。

そこで僕が疑問に思ったのが、親父さんは無責任男をどう演じていたのか？　ということでした。素顔はまじめ、どこまでも謹厳実直な植木等が、なぜ、あの底抜けに無責任で調子のいい人物を演じられたのか。

人間観察をベースにしようとしたところで、あのような人物がこの世に実在するとも思えません。

あの無責任男を演じられるのは、古今東西、植木等だけ。これは間違いない。

では、植木等演じる無責任シリーズの平均というハチャメチャな人物はどこかに実在のモデルがいたのか？　それに親父さんの素の部分はどのように作用したのか？

そんなことをよく考えていました。

無責任男のキャラクターについて古澤憲吾監督がかなりユニークな人で、このことが作風に影響していたということはあるでしょう。僕の映画デビューのきっかけになったバイクスタントのときの、あの監督です。

主人公の登場シーンという重要なカットを撮るときも、古澤監督は簡単な指示しか出さなかったそうです。

「はじめ、バーのカウンターに向こうを向いて座っていろ。よーい、スタート、カチンと鳴ったら。振り返って笑え」

「は？　振り返って笑う……それから？」

「それだけだ。今はそれだけ撮るんだよ」

「……あの、笑う意味は何ですか？　何があったから笑うんですか？」

「そういうことは考えるんじゃない！」

なぜ笑うのか分からないのに、ただ笑え、と言われた。親父さんは何回も何回も色々な笑い方を演じたけれど、まるでＯＫがもらえない。

「何をやっているんだ、誰だ、こんな下手な奴を連れてきたのは！」

そんなことを言われながら、２時間くらい笑い続けた。

「これが最後だ。フィルムがもったいない。これがダメなら、明日だ」

明日また何回も笑うのは、かなわない。どういう笑いが欲しいのか？　説明を求めると、

「とにかくパンチのある、ウワッとくる笑いだ」

要するに、お寺の息子として、こういう笑い方はしたない、と母親に言われていたような馬鹿調子の笑いだったそうです。

仕方がない。明日も来て笑い続けるなら、と、パッと振り返り、「ウワハハハハハッ！」とやると、

「ＯＫ！」

「勢い、勢い！」

古澤監督、現場に行くと台本を平気で無視する人でした。また、映画の画面には動きが無いといけない、という確固たる信念があったようです。親父さんが演技プランを練っていると、「植木、考えるな！　とにかく動け！」

そして、よく口にしていたのが「勢い」という言葉でした。

「勢い、勢い！　勢いで演技しろ」

たとえば、こんなシーンがありました。

「あんた、山村さんを知らないかね」

「知りませんよ」

「嘘だ。いま、そこで話をしてただろう」

「知りませんよ」

「そうか、知らないか」

「私、忙しいですから失礼しますよ」

女がいなくなると、そこには灰皿が置いてあり、ピースの吸殻に交じってハイライトが1本ある。

普通であれば、1本だけあるハイライトに気づき、……ん、ははあ、やっぱりここにいたんだな、と間をとり、思いを込めて演技をするところでしょう。

ところが古澤監督は「思い入れをするな」と言う。求めるのは、灰皿を目にするやいなや、「あ、やっぱりここにいたな」とあっけらかんと言って飛び出していく男。

こういう間をとらない芝居を要求されて、親父さんは戸惑うこともあったようですが、この独特の古澤演出が、親父さんの映画に異様なまでのスピード感をもたらしたことは事実なのです。

生真面目な親父さんは、平均の人物造形に疑問を感じて、監督に「こんな人間いますか?」と聞くと、「いるわけないだろう! いないからいいんだ」

その後も、この主人公になかなかなじめない。人物造形に悩んだ。ついに怒り出した監督から「植木君、君が演じようとしているこの男は異常なんだよ!」と言われ、吹っ切れてあのキャラクターができたといいます。

それでも越えられない一線はあったようです。『ニッポン無責任時代』の主人公は初めは、「香典泥棒」の設定でした。初めのシナリオには葬式で香典泥棒をするシーンがあったのですが、さすがにお坊さんの息子さんですから、「これはできません」と断ったそうです。親父さんは苦しみながらも、真剣に取り組んでいるうち、古澤監督からも一目置かれるようになり、最初「植木」と呼び捨てだったのが、「植木君」になり、「植木さん」になっていきました。

こうして誕生した無責任男は無類の明るさ、バイタリティで、日本中に笑いや爽快感を与えることになります。

その陰には、想像以上の葛藤があったはずです。

えらいことになったな。似たような映画を何本も何本もやらなければならない。仕事はきついが、疲れた顔は見せられない。こういうことをいつまでやるのか。このまま くたびれるまで働いて死んでいくのだろうか。いやいや、これを俺の人生と思って感謝しなければならない、と。

石部金吉

無責任男を演じる親父さんに迷いが生じるのも当然と言えば当然です。酒、博打、女を「わかっちゃいるけど、やめられない」と歌った親父さんでしたが、本人はこうした道楽とは縁遠い、石部金吉、まったく堅物でした。私生活はまったくマジメそのもの。酒は一滴も飲まない。奈良漬けで酩酊しかねないような下戸です。

賭け事は弟子の僕に対しても厳しく禁じていました。

女性関係も、あれだけの人気者で、素顔は大変なハンサムでしたが、浮ついたところもまったくない。付き人の時代も含め、女の子がいるような酒場に一緒に行ったことは一度もありません。

家族を大切にされていて、仕事が終わると毎日、寄り道もせずに僕の運転するクルマで真っすぐ帰宅していました。どんな道楽より、4人のお子さんと遊ぶのが何より好きという人だったんです。

贅沢とも縁遠い人でした。1日の小遣いは1000円でいい。食事も質素で、食卓にアジの干物があれば、それで満足していました。地方公演があるときも、大物芸能人なら高級ホテルに宿泊し、高級な料亭で食事をしそうなものですが、ごく普通の旅館に泊まり、食事は一膳飯屋に入る。

ご自宅も庭こそ広いけれど、ゴージャスな大豪邸というわけではありません。服も買った物を大切に長く着るんです。

かといって、ケチというわけではありません。身だしなみはきちんとしていました。お洒落で、恰好がよかったですね。

『スーダラ節』への抵抗感

ボーヤをしていた時代、親父さんが「ディック・ミネさんみたいな歌が歌いたいな」とつぶやくのを耳にしたことがあります。

親父さんは、歌でも悩みを抱えていました。

よく知られた話ですが、親父さんは初めてのシングルレコードが『スーダラ節』と決まったとき、この曲が嫌だったそうです。

テレビでクレージーキャッツの人気が高まると、植木等のデビュー曲を作ることになり、

「植木の口癖のスイスイを歌にしよう」と渡辺晋さんが言い出しました。親父さんは、気分のいいとき、たとえばネクタイを新しくして、人に見せたいようなとき、「スイスイー」と口にしていたんです。

渡辺晋さんが自宅にスタッフを集め、打ち合わせをする。萩原哲晶さんが曲を作る。まずサビができた。それを青島幸男さんがまとめたのが例の歌詞です。青島さん、「いやー、のったよ、15分で書いた」と言っていましたが、実はかなり苦心されたとも聞きます。

親父さんは詞を見せられて、大切なデビューがこれでは、俺の歌手人生は終わりだ、とまで思ったとか。そして「こんな歌は歌いたくない」と渡辺晋社長に直訴すると、「馬鹿野郎！　この歌を歌えるのは日本中でおまえだけだ」と叱られた。

それでも気持ちが晴れない。

レコーディングでは、何回歌ってもＯＫが出ない。そりゃそうです。あのような曲、先例もないわけですから、録音した自分の声をサンプルにして工夫しなければならない。しまいに開き直って、笑うように歌ったら、ＯＫが出たそうです。

ところが、世の中の人がこの歌に熱狂し、空前のヒットソングとなるわけです。

一時期は、かなり思いつめ、植木等ではなく、平均が歌っていると考えるようにして歌っていたそうです。


これは有名な逸話ですが、本格的な歌手を志望していた親父さんは、『スーダラ節』の歌詞にがっかりして、相談したのが、父親の徹誠さんでした。

「悩むことはない。だいたい、おまえみたいな者にレコーディングさせようと考えてくれた人がいただけでラッキーだ。その歌がヒットしたのだから、こんな幸せなことはない」と言われたといいます。


そして、どんな内容の歌詞か、説明を求められ、口頭で伝えた。

酒を飲めば酔いつぶれる。

競馬でボーナスを使い果たす。

女にいれあげて騙される。

わかっちゃいるけどやめられない。

すると、父親は「親鸞聖人の教えに通じる」と喝破。「わかっちゃいるけど、やめられない、ここが素晴らしい。煩悩から逃れられない人間の永遠不滅の真理を突いた歌詞だ。

自信を持って歌いなさい」と諭した、と。

この曲が大ヒットし、これに目をつけた東宝が無責任男シリーズを作り、これまた空前の大ヒットという流れです。

親父さんの親父さん

親父さんと話していて、たまに父親のことを話題にされることがありました。「俺の名前の等は、平等からつけられたんだよ。親父が坊さんだったから、御仏の前では万人が平等という意味だろうな」

親父さんの親父さん、植木徹誠さんというのが、またすごい方だったことを知ったのは、親父さんが書かれた『夢を食いつづけた男　おやじ徹誠一代記』（朝日文庫）という本を読んでのことです。

植木徹誠さんは、若いころはキリスト教徒で、真宗大谷派常念寺住職になり、戦時中、出征兵士を前にして「戦争は集団殺人だ。卑怯といわれても生きて帰ってきなさい。鉄砲を撃つときは人に当たらないように撃ちなさい」と説いたそうです。差別に反対する運動をして、治安維持法違反で4年間、投獄されたこともあり、父親が投獄されている時期、子供の親父さんは、ぶかぶかの僧衣をまとって檀家を回ったといいます。

僧としても破天荒だったようで、親父さんが子供のころ、ステテコ一丁で仏像の前に連れて行き、物差しで仏像の頭を叩きながら、「この音を聞いてみろ。金ぴかだが、中は木だ。こんなものをおがんでどうにかなると思ったら、大間違いだぞ」と諭されたといいます。

親父さんが幼いころに聞いた言葉で忘れられない、と言ったのが、「私の仕事は死人を供養することだけではなく、生きている人々の善き相談相手になること」です。

このような宗教家でありながら、徹誠さんは若いころ、東京に出て、義太夫にのめり込んだこともあるとか。

若き日の親父さんが歌手を目指そうと決意して、「坊主は死んだ人間を供養する。芸能人は生きた人間を楽しませる。この俺は、生きた人間を楽しませたいから芸能界に入る」

そう言ったとき、父親の徹誠さんは「生意気言うな、この馬鹿野郎」とげんこつで頭を殴ったそうです。ただ、このときの言葉は、自らが「義太夫になりたい」と言ったとき、父に言われた言葉とほとんど同じだったといいます。

親父さんの歌のうまさ

親父さんが目指していたのは本格派の歌手でした。

東洋大学で音楽同好会に入り、戦時中は軍需工場に、戦後は進駐軍に慰問し、ジャズクラブで、マンボズボンを粋に決め、お洒落なバンドで活動していた。好きなのは歌手ならペリー・コモ。ギタリストならバーニー・ケッセル。

若いころ、オペラ歌手の平山美智子さんからクラッシックの発声レッスンを受けています。声楽の先生に付いてきちっとした歌手になろうとした。鞭で殴られながら、「音程が違う」とかってやられながら懸命に勉強した。コミックバンドをやるつもりはなかったのに、いつの間にか、こうなっていた。そんな思いが心の中にあったようです。

黙っているときなど、驚くほどハンサムでした。声もよかった。正統派、実力派の歌手として成功する実力は持っていたと思います。

でも、ヒットしたのは『スーダラ節』です。

コミックソングばかり歌っていたら、歌手としての将来はどうなるのか、真剣に悩んでいたようです。

歌というのは、聴いていると、美しい情景が浮かび、心が洗われるものだ、という信念もあった。

実際、親父さん、歌はほんとにうまかった。歌手の基本もしっかり作っていました。

僕が運転手として雇われた年のことです。運転席でお待ちしていると、後ろにドンと乗った。

「出ますけど、いいですか？」

「ああ、行こう行こう行こう。で、今日はどこ行くんだったたっけ？」

「レコーディングですよ」

「レコーディング？　聞いてないよ」

「えー、弱りましたねえ」

「譜面はあるか？」

「私の譜面はありますけど。これです」

「これ？　えーっと、とととと、とととと、シソソソ、うん、大丈夫だろう」

30分しかないのに覚えちゃう。〝初見〟ってやつですね。

そのときの曲が、「ぜにのないやつは俺んとこに来い！」というフレーズで有名な『だまって俺について来い』。親父さん主演の映画の『ホラ吹き太閤記』の主題歌です。

歌手としての成功の裏には確かな技術がありました。そして真面目な姿勢がありました。でも、内心、気が進まなくても、仕事であれば、きちんとやる。それも親父さんでした。あの笑いながら歌うような独特な歌唱法も、自分のものにするまでは、かなり工夫して、研究されていたはずです。こうした責任感をもった姿勢で取り組んだ結果として、無責任男は植木等以外の誰もできない、はまり役になったんです。

当たり役と役者

運転手時代、クレージーキャッツが多忙を極めているころ、こんなことがありました。ハナ肇さんと親父さんをクルマの後部座席に乗せて、多摩川の土手を走っていたとき、親父さんが思いつめた様子で、「ちょっと止めてくれ。小松、悪いがハナとふたりだけで話したいから、外で待っていてくれ」

2時間ほど冬空の下、土手で待っていました。

おそらく親父さんが「辞めたい」ということを言ったのだと思います。クルマに戻った親父さんは「おまえはいいな。俺は辞めたくても辞められない」とつぶやきました。

結局、辞めることはありませんでしたが、ハナさんに言いくるめられたとか、会社に信念を曲げられたということではないんです。親父さんは、たとえ相手が誰であれ、自分が正しい、と思ったことは真っすぐに口にする人でした。社長の渡辺晋さんに対してもそうでした。ハナ肇さんは渡辺晋さんに遠慮するところがありましたが、親父さんはハッキリと意見を言っていました。

そんな親父さんが続けたのは、愛情からだったはずです。だから敬愛する仲間のいるクレージーキャッツを抜けなかった。渡辺晋さんへの恩義から渡辺プロダクションを辞めなかった。そして日本中の声援に応えるため、C調の無責任男を演じ続けたのです。

「好きこそものの上手なれ」といいますが、親父さんは、「それは素人のいうことで、素質や才能ってのは、持って生まれたもの。それをいかに磨くかだ」と言っていました。「好きだからって言ってたってダメだ。実力や才能っていうのはそういうものじゃない。根底にそういう力を持ってる者がなるべきだ」ということだったと思います。

つまり、好き、嫌いを超えたところに、やれる、やれないがある、と。

さらに、親父さんは「人間、やりたいこととやらなきゃならないことは違う」ということもよく言っていました。僕のほかにも、歌手や役者を志望する若い人が訪ねてくると、そう教えていたそうです。もしかすると、そのたびに、自分自身にも繰り返し、語りかけていたのかもしれません。

渡辺プロダクションを離れたとき

映画『類猿人ターザン』の主演のジョニー・ワイズミュラーは、日に2回、体毛を剃っていたそうです。「毛深い類猿人」とからかわれるのではないか、と不安だったのかもしれません。

マリリン・モンローは、おつむの弱い金髪のセクシーな役ばかりやらされることに悩んだとか。

エルビス・プレスリーも、主演映画では明るい好青年が歌うという役が続きましたが、本心では演技派の俳優になりたがっていたと聞きます。

はまり役、当たり役ができることは、幸せなことではありますが、そのイメージがあまりに強くなり、後々苦労するスターが少なくないようです。

無責任男として日本中の人に知れ渡った親父さんも苦悩されていました。無責任シリーズや日本一シリーズの映画の出番を待つとき、撮影所の片隅でじっと腕を組み、目を閉じていた姿が目に浮かびます。その姿は、まるで瞑想する僧侶のようで、近づきがたい雰囲気に包まれていました。ところが、出番になり、監督の「スタート」の声がかかり、カチンコが鳴ったとたん、あの無責任男としてエネルギーを爆発させる。その変わり身はすさまじいばかりでした。

振り返れば、僕自身、求められる役のことで悩んだ時期があります。『シャボン玉ホリデー』でウケてしまった、女形っぽい役を延々と強いられた時期は辛い思いをしたものです。世に出るキッカケにはなったものの、「知らない、知らないっ」のイメージがその後もしばらくつきまとうことになったわけです。自分としては、博多生まれの骨っぽい男を自負していて、ボクシングの心得もあるくらいですから、こういう役を強いられることへの違和感がどうしてもぬぐえませんでした。

僕は平成10年6月に、渡辺プロダクションから独立しました。辞めることになったとき、親父さんは、お前は自由にやれ、好きなようにやれ、と背中を押してくれました。それればかりか、上層部を呼んで、

「小松は辞めて独立するけれど、もし、おまえらが干すとか、意地悪するとか、そういうことがあれば俺が承知しないからな」とクギを刺してくれたんです。

おかげで、その後も渡辺プロダクションの人たちとはずっといい関係でいられました。

❖3幕❖ 師と弟子

師の灯

『電線音頭』とか『しらけ鳥音頭』とか、やることなすことが全部当たってしまうっていう時代が僕にもありました。勢いのいいときはそんなもんです。ただ、芸能の仕事をする以上、勢いがなくなるときも必ずある。そんなときにどういうふうに対処するか。

僕も挫折しそうになるときが随分ありました。

あー、俺も、もうここ止まりか、と。

こういうとき、一歩も後退はしてないよ、っていう自信を持たないとダメです。つねに前進するという強い意志を持たなければならない。

そのうえで、救いになったのが、親父さんの存在でした。辛いこと、やりきれないことがあると、そのたびに、親父さんがいることを思うだけで安心できたんです。いよいよ辛くなったら、泣きついて、相談しよう。

で、親父さんに会いに行って、顔をみると、なんだかホッとして、いやいや、こんな悩みはまだ親父さんの耳に入れるようなものじゃない、と立ち直れました。

僕にとって親父さんは闇夜に輝き、行き先を示してくれる灯、足元を照らしてくれる灯のようなありがたい存在です。そんな親父さんがいたから僕は、つねに前進することができたんです。

そしてつねに前進するという意識をもって取り組む中で、節目節目、テレビドラマ、映画、舞台で、いい人と出会えて、いい仕事に巡り合えました。

天下の植木等が

自分のこと以上に寂しいな、悔しいな、と思ったのは親父さんの仕事のことでした。

僕が付き人だったころ、年4本の映画で主役をはっていた。それが年3本になって、2本になって、1本になって、とうとうゼロになった。あの植木等が主役をはる映画がなくなってしまった……。

一方、僕のほうは順調にレギュラーのテレビ番組が増える。

そんな時期、ご自宅にうかがったとき、親父さんからこんなことを言われたことがあります。

「おまえがな、頑張ってるのテレビで観ているぞ。俺な、今、暇だからテレビばっかり見てるんだ。おまえが活躍してるとな、うーん、やってるなあ。よーし、俺も、もう一発頑張んなくちゃいけねえなって、いつも思ってんだ」

あの天下の植木等が……。

そう思ったら、聞いているうちに、思わず嗚咽が漏れそうになりました。

「すいません、ちょっと、お借りします」

席を立ち、トイレに行ってひとりで泣きました。

「通りかかりましたー」

付き人兼運転手でなくなり、ひとり立ちしてからも、盆暮れはもちろん、それ以外も親父さんの所に、たびたび寄りました。

「用もないのに来ました」「通りかかったから来ました」って言いますけど、もちろん、通りかかったわけじゃない、わざわざ行くんですが。

門の引き戸をガラガラって開く。階段があり、アプローチがあって、ドアから家に入る。

「おう、上がれ、上がれ」

いつも玄関まで出てきて、そう言って迎え入れてくれました。

帰るときは、玄関で「じゃあな」で済まさず、外まで出て、クルマが停めてあるところまで来て、僕の付き人に向かって「ありがとうね。頼むぞ、小松を」と言うんですよね。

僕ごときに付き人や運転手がいること自体がものすごく偉そうに見えて、だから、「来るな、そばに。ここで黙って、じっと座ってろ」と命じて、上げなかったりしてるんですけど、親父さんはこういうことも察してくれる。

一事が万事そういう人でした。

ときには、家族を連れて挨拶に行きました。僕の子供がまだ小さいころ、砧にあったご自宅に連れて行くと、親父さんに「砧のおじいちゃん」と抱き着く。すると、「あー、砧のおじいちゃんと呼んでくれるのかぁ」と抱きしめながら、相好を崩していました。その姿が今でも目に浮かびます。

ときにはかみさんを連れて行きましたが、とても喜んでくれました。ご自宅でパーティを開いたとき、白い割烹着で手伝いをさせましたが、僕が、ああしろ、こうしろ、と指図すると、親父さんに「おまえ、女房にそんな口のきき方をするのか」とたしなめられました。

後から聞いた話ですが、親父さん、かみさんに電話をしてきて、こんなことを伝えたそうです。

「あれは、口のきき方がよくない。明治生まれのクソ親父のような男だが、悪い男じゃない。よろしく頼むよ。……でも、腹に据えかねるようなことがあれば、いつでも家に来なさい。何日でも泊まっていいから」

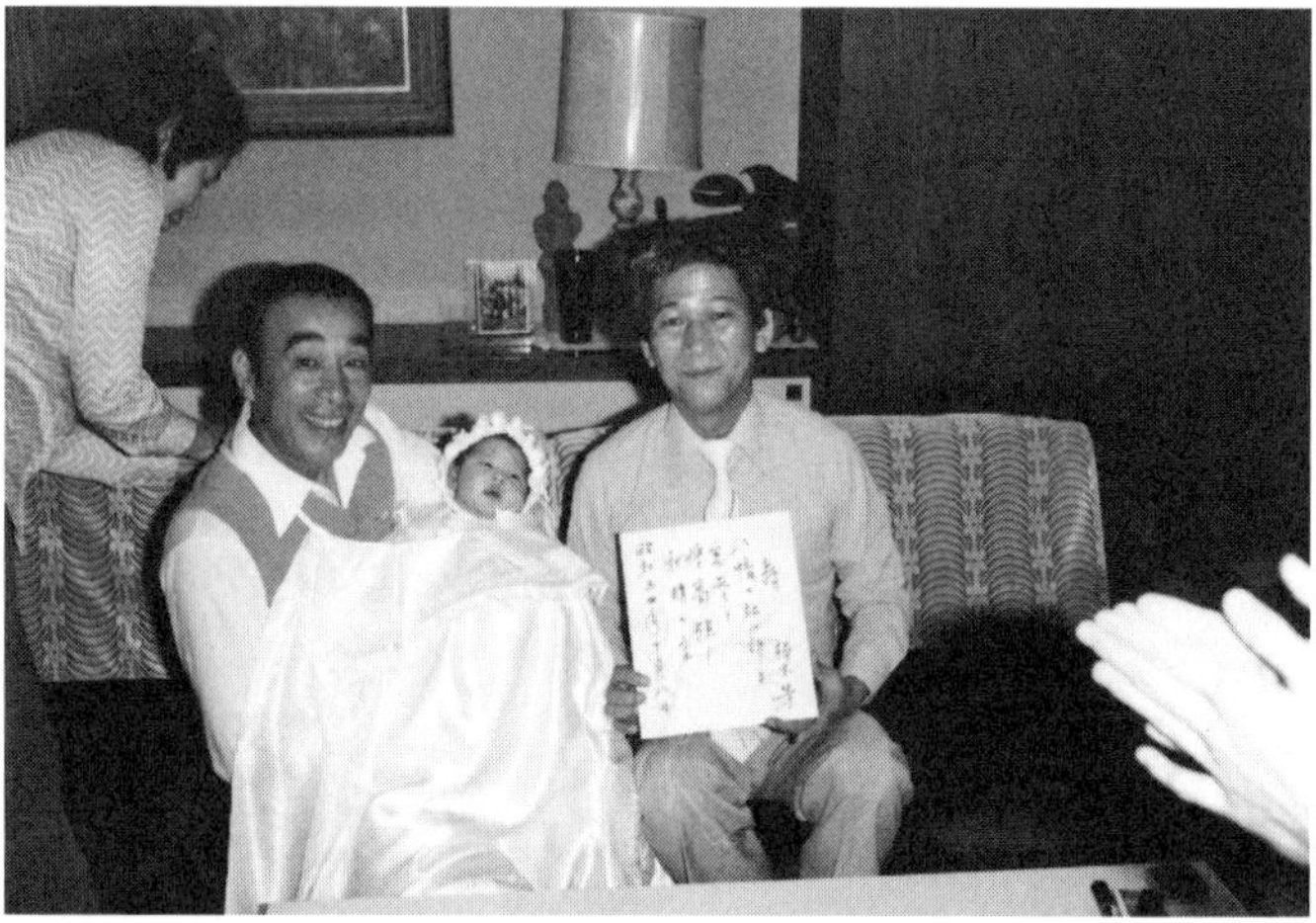

▲ご自宅で、生まれたばかりの小松氏の息子を抱く植木氏。

俳優としての植木等

やがて親父さんは、俳優として評価されるようになります。東宝の無責任男を求められてきたけれど、ブームが去ったとき、何が残るのか、と考えていたところに入ったのが、『王将』という芝居の話でした。

僕は応援しました。「素晴らしい舞台ですね、よかったじゃないですか！」

「最初、断ろうかと思ったんだ。名作に傷をつけるわけにはいかないから」

そんなとき、ふと父親の徹誠さんの顔が浮かんだのだそうです。これをやったら、なんといってくれるだろう、と。

決心した親父さんは、大阪弁のアクセントを覚えるため、台詞に音符をつけ、譜面にして覚えようとしました。プロ棋士のもとに通い、阪田三吉の棋譜を一手も間違えずに指せるまで特訓しています。

このころ、父親は同じ敷地に建てた別棟で暮らしていて、時折、息子の家族を訪ねて庭の飛び石をつたってやって来る。親父さんが目をやると、飛び石を踏み外し、ヨロけそうになる。

おっと危ない、と思うと倒れそうで倒れない。

親父さんはこれを見てひらめいたそうです。これは使えそうだ、と。

阪田三吉が対局に負け、去るとき、この歩き方をマネしています。

昭和52年9月、東京宝塚劇場の『王将』で「将棋の鬼」と呼ばれた阪田三吉を演じられました。女房の小春を演じたのが乙羽信子さんでした。

舞台は好評で、親父さんのお父さんの徹誠さんも観劇し、「等、俺のマネをしたな」と見抜き、「芝居は難しいが、楽しいものだ。そのへんがおまえにも分かりかけたか」

これを言い残したかのように、徹誠さんは、3カ月後、世を去りました。

親父さんは父親の伝記『夢を食いつづけた男』の中で、父親のことを心から入るタイプ、母親のことを形から入るタイプとしています。そして、同じように役者にも2種類ある。まず腹を決める。すると自然に形になるタイプ、そして形から入って扮装をすることで気持ちを作るタイプだ、と。

後年、親父さんは、東宝では形がないとOKが出なかったが、『王将』のあたりから、形から入らず、気持ちから入るというふうに思うようになった、と話されていました。

1970年代以降、親父さんの活動は俳優がメインになります。黒澤明さんに請われ、『乱』にも出演しています。

木下恵介監督の『新・喜びも悲しみも幾歳月』では灯台守の加藤剛さんの父親役を演じ、日本アカデミー賞助演男優賞、キネマ旬報ベスト・テン助演男優賞、毎日映画コンクール助演男優賞など映画賞を総なめにしています。

演技に対する評価は高く、多くの賞を獲得されました。立派な業績ですが、それでも僕に言わせてもらえば、植木等という稀有の才能にはまだまだ多くの可能性があったと思うのです。

どうしても、かつてのイメージが付きまとったのでしょう。明るい老人という役が多かったけれど、演じる機会さえ与えられれば、得体のしれない犯罪者だろうが、立派な総理大臣だろうが、恐ろしいやくざの大親分だろうが、歴史に名を留める戦国武将だろうが、とんでもないほどの存在感で演じ切っていたはずです。

でも、そういう機会はついに与えられなかった。結局、世間は、無責任男というあまりに強烈なキャラクターを払拭できなかったのかもしれません。

伝説の『スーダラ伝説』

平成の時代に入り、親父さんは無責任男として大復活を遂げることになります。平成2年には自身のヒット曲メドレー『スーダラ伝説』が大ヒットして、人気が再燃するんです。『スーダラ伝説』がヒットした年の大晦日には、親父さんは23年ぶりに第41回『NHK紅白歌合戦』にも出場しました。

僕も自宅でテレビにかじりつきました。

満を持して、黒いタキシードを粋に着こなした植木等が登場する。テレビ画面を通して、観客席の興奮が手に取るように分かりました。髪は白くなりましたけど、めっぽう明るい。歌はうまいし、声も衰えてない。動きもなめらか。まさに不死鳥です。

白組が総出で応援する。北島三郎さん、五木ひろしさん、森進一さん、尾崎紀世彦さん、布施明さん、西田敏行さん。そろって満面の笑みで、白いセンスを振って応援している。日本を代表する歌手をずらりと従え、『スーダラ節』から『無責任一代男』『ドント節』『だまって俺について来い』『ハイそれまでヨ』と往年のヒット曲を熱唱する親父さん。伴奏

が終わっても、叫びながらしばらく踊り続け、

「あれ？」と気づき、「終わったの？　終わったのね？　こりゃまた失礼いたしました！」

呵々大爆笑で締めくくる。

会場は割れんばかりの拍手で、フィナーレを終えたよう。司会の松平定知アナウンサーが「番組は終わったわけじゃありませんから、まだ続きがありますから」と口走っていました。

この年、紅白の歌手別最高視聴率を獲ったのが植木等でした。

その視聴率、なんと56・5％！

あの夜、日本人の過半数が植木等の姿に微笑んだはずです。

往時を知る人は昔を思い起こしたことでしょう。

おい、あの植木等が帰って来たよ。昔と変わらないじゃないか！　こっちも、もう一息がんばろうか。

そう勇気づけられたことでしょう。

無責任男、復活

僕もこの年になって、親父さんの思いが分かるような気がします。

無責任男の『スーダラ節』で人生ががんじがらめになった。これまで自分の意志とは無関係に働いてきた。色んな役を演じたが、結局、無責任男だった植木等が求められ、強いられる。しかし、振り返れば、すべてのことは無駄じゃなかった。無責任男を経ず、俳優になっていたら、器用に色々な役をこなすだけの役者になっていたかもしれない。いい加減な男がいい加減な歌を歌う無責任男を強いられてきつい思いもしたが、振り返れば、あの男を演じたことで、家族の生活が安定した。あのまま歌手になっていても、ギタリストになっていても、俺よりうまい人は他に大勢いただろう。しかし、無責任男を演じられるのは俺しかいない。

勝手気ままに振る舞い、どんな逆境にもへこたれない。「クビだ」と言われて、「ウワハハッ」と笑い飛ばす。最後は必ず、夢を実現させる。

こんなあり得ない男を演じきれるのは俺しかいない。この年齢になったからこそ、いくつになっても疲れた顔を見せない無責任男を演じるべきではないか。拒絶し続けるべきではない。ここで無責任男を全力でやるのが、俺という人間の生まれてきた価値だ。何より世間のみなさんも期待している。

期待する人たちに、こう言わせたい。

「とうとうやりやがった！」

俺のことを知らない若い人にこう言わせたい。

「こんな人がいたのか！」

そういう自負心と使命感、そして感謝する気持ちだったと思います。

六方拝

親父さんは六方拝《ろっぽうはい》ということをよく言いました。東西南北と天地を拝み、感謝する。東は御先祖様、西は家族、南は師匠、北は友、そして自然である天地を拝む。父親から教えられたことだといいます。

紅白出場の翌年、MBSで『植木等デラックス』が始まり、平成4年には、コンサートツアー『今日もやるぞやりぬくぞ！』で全国12カ所を回っています。

ただ、残念なことに、親父さんは、そのときすでに肺気腫という病気を抱えていました。さらに力を落とすような出来事が重なります。

全国ツアーの翌年、平成5年にハナ肇さんが亡くなったのです。入院中、ザ・ピーナッツのおふたりが看病に訪れると、

「いつもすまないね」

「それは言わない約束でしょう」

と往年のコントのやりとりをしていました。

ハナ肇さんが亡くなると、親父さんは枕もとで読経を捧げ、告別式にはこんなことを言われました。

「俺はさみしいよ。体の力が抜けたようだ。おまえが16で、俺が19、たった47年間の付き合いだったが、クレージーの面々に思い出をありがとう」

その翌年には石橋エータローさんが、平成8年には安田伸さんが亡くなりました。

ハナ肇とクレージーキャッツは稀有なグループです。メンバーは仲がよくて、いつも公私で助け合っていました。メンバーの死が分かつまで解散しなかった音楽グループを僕は他に知りません。

久しぶりの競演

平成8年7月に親父さんと久しぶりに共演する機会がありました。明治座で親父さんが座長で1カ月公演に臨むことになったんです。喜劇『大江戸気まぐれ稼業』という舞台です。

同じ規模の楽屋が3つ並んでいました。幹部がそろっているところで「小松、俺の部屋に入ってくれ」

「いや、かんべんしてください、座長の部屋に入るわけにはいきません」

「俺はあの部屋が嫌いなんだよ」

そんな口実で、親父さんは座長の楽屋を僕に譲ってくれたんです。

仕方がありません。僕は共演者やスタッフのみなさんに、「師匠がこのように申していますから、今後、座長部屋の小松と呼んでください」とお願いしました。

親父さんは、実はえらい武士だけれど長屋に住んでいる、という役でした。親父さんの俳優としてのすばらしさに改めて感動しました。

公演が終わってから、親父さんから毛筆の手紙をいただきました。そこには、柔らかい筆致で温かい言葉が綴られていました。

初めて会ってから、もう33年になる。

ロケで台風に遭い、ポーカーで13億8000万円負けたのを覚えているか？

僕が寝坊してしまい、舞台に遅れそうになり、慌てて運転して、スピード違反で捕まった話。

そうした懐かしい思い出を書いた後、「飲み過ぎに気をつけて」と僕の健康を気遣う言葉が。

親父さんとの久しぶりの共演を果たした年の11月にクレージーキャッツのひとり、安田伸さんが亡くなりました。

翌年、「思うように声が出ない」と肺を患った親父さんは名古屋でのクリスマスディナーショーで音楽活動を終えました。

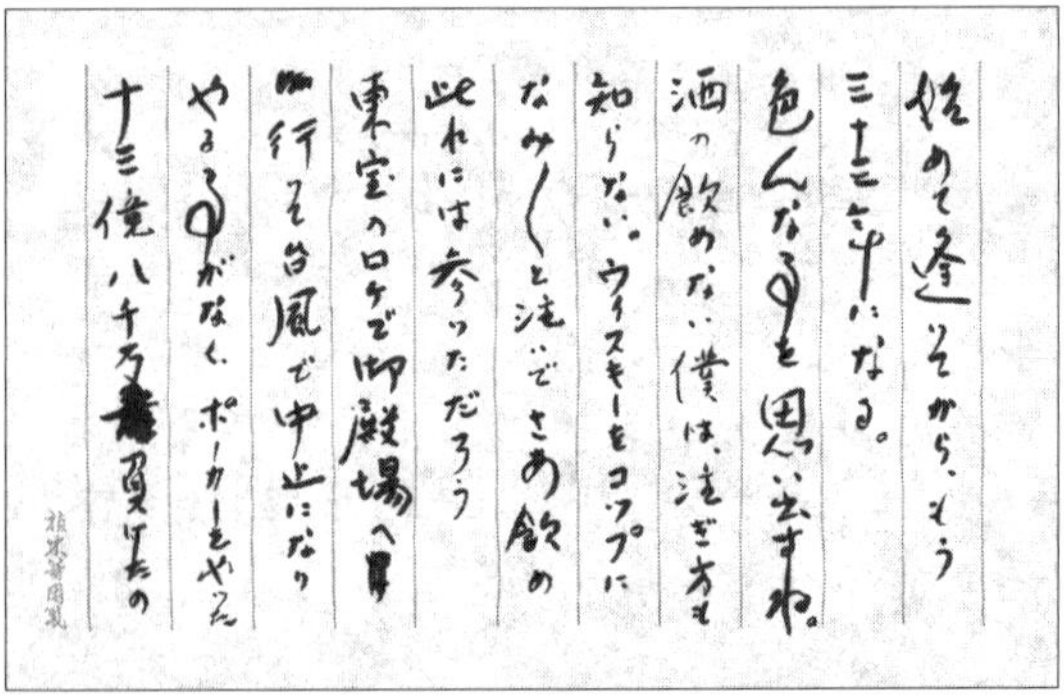
始めて逢ってから、もう
三十三年になる。
色んな事を思い出すね。
酒の飲めない僕は、注ぎ方も
知らない。ウイスキーをコップに
なみなみと注いで、さあ飲め
此れには参っただろう
東宝のロケで御殿場へ
行って台風で中止になり
やる事がなく、ポーカーをやった
十三億八千万負けたの

植木等用箋

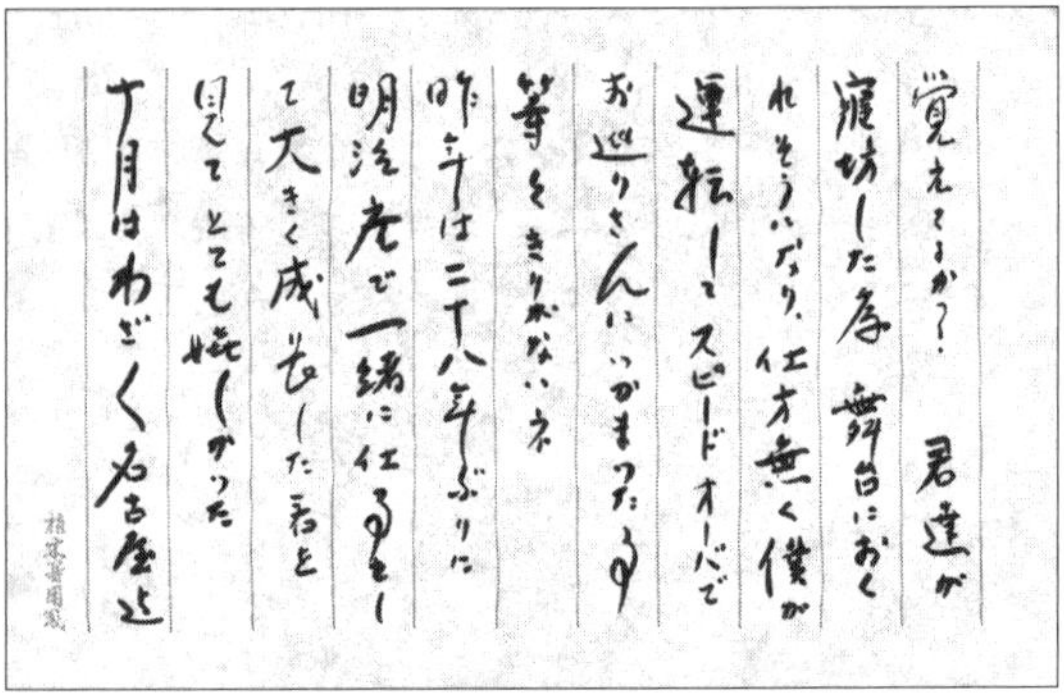
覚えてるか？　君達が
寝坊した事　舞台におく
れそうになり、仕方無く僕が
運転してスピードオーバーで
お巡りさんにつかまった事
等々きりがないネ
昨年は二十八年ぶりに
明治座で一緒に仕事をし
て大きく成長した君と
同じでとても嬉しかった
十月はわざわざ名古屋迄

植木等用箋

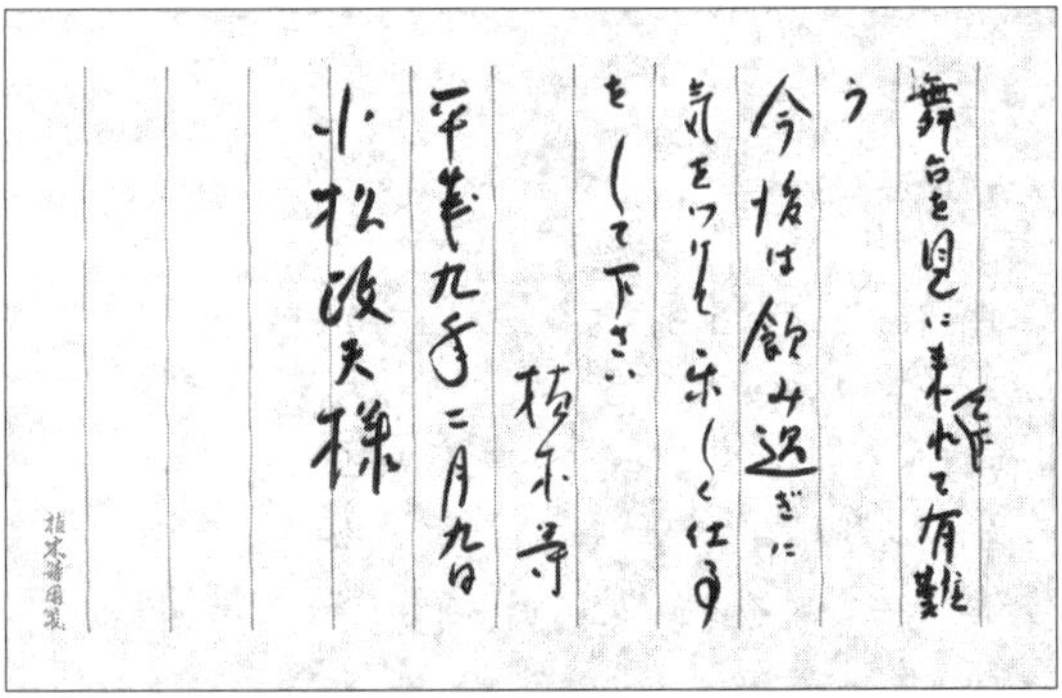
舞台を見に来てくれて有難
う
今後は飲み過ぎに
気をつけて楽しく仕事
をして下さい　植木等
平成九年二月九日
小松政夫様

植木等用箋

▶明治座での公演が終わったあと、平成9年2月に植木氏から送られた直筆の手紙。便箋には「植木等用箋」と印刷されており、植木氏のこだわりが垣間見られる。

のれん分け

晩年、親父さんは、僕が芝居をしているとき、突然、楽屋を訪ねてくれたことがあります。

「親父さん、芝居を観てくださったんですか」

「おお、観たよ。いい芝居をしていたな」

「ありがとうございます」

会話を交わしながら、楽屋ののれんばかりに目をやっている。

「このあいだののれんと違うな」

「ごひいきからいただきました」

何か言いたそうに、のれんを眺めています。

それから5カ月後、電話がかかってきました。「御馳走を用意したから、酒を飲みに来い」

早速うかがうと、親父さんは上機嫌です。

「おまえも、このあいだ、東映に行ったら、『大岡越前』のポスターでいい位置にいたな。がんばっていたな」

食事をして、酒を飲んだ後、親父さんは、おもむろに立ち上がりました。

「えー、それでは、これより小松政夫への贈呈式を行います」

広い邸宅に親父さんと奥さんと娘さんしかいない。そのおふたりが、「いえーい」と拍手をする。紅白のうち紐のついた木箱が出てきました。

「これは……」

「のれんだよ。俺も筆の勢いのいいうちに、おまえにのれんを、といつも思っていたんだ」

力を認められたんだ。実感が押し寄せてきて、体中がジーンときました。

奥さんが微笑んで、「一生懸命に筆の練習をしていたわよ」

▲贈呈式のあと、植木氏の自筆を染め抜いたのれんを手に撮影。

奥さんの行きつけの着物屋さんに頼んだそうです。「納期が5カ月もかかったよ。それに芝居1回ごとに洗い張りをしましょう、と言われたよ」と親父さんは楽しそうに言います。

見事な紫色で、白い左三つ巴の紋と植木等のサインが入っています。高級なだけじゃありません。親父さんからの、のれん分けという気持ちが込められた品です。僕は、涙をこらえて、いただきました。

仕事ぶりで教える

初めて親父さんと雑誌の企画で対談する機会があったのは、平成14年のことでした。対談では、懐かしい逸話に花が咲きました。

たとえば、昭和44年に宝塚劇場の12月公演と正月映画『クレージーの殴り込み清水港』の撮影が重なったときのことです。舞台の後、翌日のロケがあるんで、夜間の箱根越えをして伊豆長岡まで行かなくちゃならない。僕がクルマを運転したんですが、真っ暗なうえにガスが出て何も見えない。助手席の親父さんがドアを開けて、センターラインを頼りに指示を出してくれました。

後部座席のクレージーキャッツのみなさんは疲れきって熟睡している。

どうにか無事に箱根の山を越えて、ロケ地の伊豆長岡に着くと、迎えてくださった方が
「ご苦労様です。さ、今熱いお茶をいれますから」

これが美味しくて、ありがたいんですが、やたらに濃い。その夜、山越えの興奮が尾を引き、お茶のカフェインも効いて僕も親父さんも興奮してしまって、なかなか寝つけない。体だけは休めようと、目を閉じ、とにかく体を横たえたまま数時間、じっとしていました。親父さんもまともに寝付けなかったと思います。

それでも翌日は早朝から撮影です。親父さんは追分の三五郎の役で、内田良平さんと立ち回りをやる。真冬の寒い中、川にドボンと落ちる。大熱演です。

ところが、ずぶ濡れで川から上がった親父さんに、スタッフが、「もう1回、お願いします」

さすがにカーッとしそうなもんですが、一拍置いて、親父さんは高笑い。再び全力で取り組む。

そんな親父さんの仕事ぶり、生きざまを見ていたから、僕はここまでがんばれたんです。

そして、改めて感じるのは、あの頑張りの中には、横で見ている弟子の僕に、行動で見せようという思いを込めていたんじゃないか、ということです。

対談で、親父さんは色々なエピソードを楽しそうに語り、最後にこんなことをおっしゃっていました。

〈結局親が子供に対して、説教する時間なんて決まっているわけじゃないんだから、親のどんな行為が子供に対して教育になっているのかということは、これはもう働いている姿を見せつけるに尽きる。やっぱり、ある道を職業と決めたら、その人なりの色んな段階があって、「よし、これでいこう」となれば、がむしゃらに一生懸命生きるわけですね。それを小松に見せられたというのは、これは何も説明しなくても一番良い教育になったと思うんですよ。〉(『笑芸人』平成15年1月号)

話は尽きず、山のように語りたいことがあったんですが、これが、親父さんとの最初で最後の対談の企画になりました。

対談の席では、終始楽しそうにされていましたが、すでにこのころ親父さんの肺気腫はかなり悪化していたのです。やがて親父さんは、酸素ボンベを持ち歩くようになり、車椅子に乗るようになりました。

素顔

平成19年の2月、親父さんの付き人から、電話がかかってきました。

「親父さんがだいぶ弱ってます。肺気腫が悪化して、都内の病院に検査入院しました」

しばらくして、検査入院が終わって帰宅されたというので、僕は名古屋で舞台公演がありましたが、その前に挨拶にうかがいました。

「ちょっとお顔を見に来ました」

すると、親父さんは壁伝いに玄関のところまで出て来てくれました。壁に寄りかかったまま、振り絞るようにして、

「上がれ……、上がれ……」

かすれ声で、そう言われる姿が、あまりにもきつそうでしたから、「明日から1カ月ばかり、名古屋におりますんで、今日はご挨拶だけ」と言って帰ったんです。

まさか急なこともないだろうと思っていましたが、3月5日、稽古の最中、明日が初日というとき、付き人から連絡が来ました。

「具合が悪くなりました」

「え、そんなに悪いのか！」

改めて奥さんに電話を入れました。

するとと「あなたはそこでがんばりなさい。帰ってくるなんて考えちゃいけませんよ。そんなことをしても植木は喜びませんよ」って言われたんです。「なにかあれば、あなたにだけは先に知せることだけは知らせますから。でも、植木は、舞台に穴を開けることは望んでいませんよ。〝役者っていうのは親の死に目にも会えないんだから、こんなことで、わざわざ来ちゃだめだ〟と言っています」

それから毎日、付き人に連絡して、具合を聞きました。

「どうだ、様子は？」

「今のところは変わりはありません。スヤスヤと眠ってらっしゃいます」

報告を聞きながら、3月26日の千秋楽を迎えました。夜遅く、東京に戻り、よし、明日一番で病院に行こう。

翌朝、支度をしてたら、電話が鳴りました。付き人でした。

「もう危ないです」

顔を洗いかけていましたが、そのまま外に飛び出し、タクシーに乗ったんです。ところが、運転手さん、道が分からないと言う。もたもたしている間にも、何度も何度も携帯電話が鳴って、「早く早く」と急かされました。ようやく病院の建物が目に入ったそのとき、また携帯電話が鳴りました。

「……たった今、逝かれました」

病室に駆け込んだのが、亡くなって5分後でした。

奥さんは涙ながらに「来るのをずっと待っていたように思います」と言ってくださいました。

安らかなお顔でした。

晩年、体調を崩されてから、周囲の人に心配をかけまいとされていたんでしょう、無理に笑顔をつくっていることが多かったんです。それが辛かった。でも、病床の親父さんは、穏やかなお顔になっていました。年はとったけれども、出会った日と同じようなハンサムボーイでした。

ボーヤをしていたころ、ダンディな親父さんは、ヘアスタイルを気にしていたから、僕はいつもドライヤーをかけて整えていたんです。髪をきれいに撫でつけ、最後に櫛で眉毛を整える。眉毛が多くて、濃いでしょ。だから必ず櫛でやっていたんです。

あの日も、櫛で眉毛を整えました。もう、それくらいしかして差し上げられることがありませんでした。ほんとは、ひと言でも話ができれば良かったんですけど。結局、「上がれ、上がれ」、これが親父さんから聞いた最後の言葉になってしまいました。

弔辞

葬儀は、本人の遺志で、身内だけの密葬で執り行われました。クレージーキャッツの仲間だった谷啓さん、犬塚弘さん、桜井センリさん。

その1カ月後の4月27日に都内の青山葬儀場で開かれた「植木等さん 夢をありがとう さよならの会」では、2000人もの参列者が別れを惜しみました。

葬儀委員長は谷さん、犬塚さん、桜井さんの3人が務めました。司会は徳光和夫さんでした。元キューバン・キャッツの稲垣次郎さんのサックスによる『スターダスト』から始まり、森喜朗元総理、加藤茶さんなどの弔辞がありました。加藤茶さんは「クレージーキャッツをパクってここまで来れました」という言葉が印象に残っています。

列席者の中には『スーダラ節』を合唱する人たちもいて、ずいぶん賑やかな「さようなららの会」になりました。

僕も弔辞を読むことになりました。読むといっても、原稿を用意していたわけではありません。予定していなかったのですが、周りの方々が、どうしても、ということで祭壇に立つことになりました。ひと言で済ませるつもりでしたが、親父さんの遺影に向かうと、言葉が後から後から出てきました。

「親父さん、本当にお疲れさまでございました。見ていらっしゃいますか？　親父さんのお別れの会にこんなに大勢の方が来てくださいました。お別れの会ってこんなにおもしろいもんだったでしょうか。涙を流す人はひとりもおりませんが、笑う人は大勢見ております。これはやっぱり親父さんらしいお別れの会だなっていうふうに思っております。私は植木等のそばで四十数年間仕えられたことを、一生の誇りだと思っております」

僕は親父さんとのことを語り、親父さんの最期のことを語りました。

「それにしても親父さん、いろんないろんな、いっぱいいっぱい病気をして、苦しかったでしょうね。どうか親父さん、もう病院に行かなくていいんです。どうぞゆっくりと休んでください。心をこめて、親父さん、親父さん、ありがとうございました。そしておやすみなさい」

何年後か、雑誌の『文藝春秋』が弔辞の特集を組んだとき、このときの僕の言葉を全文、掲載してくれました。

お呼びでない？

お別れの会でも遺影に向かって話したことですが、親父さんに伝えそこねたことがあります。

まだ親父さんが健在だったころです。テレビ番組を観ていたら、親父さんが出ていて、司会者が「お呼びでないっていうのは、どうしてできたんですか？」という話を振りました。

あれはね、小松政夫が、まだ私の付き人をやってるころ、生放送で、みんなスタジオの中に陣地を取っていた。ハナ肇の付き人、谷啓の付き人、植木の付き人って場所取りして、自分たちが着替えさせて送り出すっていうのをやってたんです。あるとき、私が台本を読みながら「うーんと、次はこれだからどうだと、これが……」とやってるとき、どんどん着せ替えられて。何か大工の棟梁みたいな恰好にしちゃって。

小松が「おやっさん、何してんですか、出番ですよ、何してんですか、早く早く」

「えっえっ、ほんと、どこどこどこ？」

「いいから、早く、ほら。生放送なんだから」って言ってポンと押し出した。

そしたら、みんなが、「ん？」「ん？」「なんでコイツ出てきたの？」っていう顔をしてる。

あれ、ずいぶん妙な雰囲気だな、「お呼びじゃない？」ってハナさんに聞いたら、かすかにうなずいたっていう気がしてね。仕方がないので、

「あ、お呼びじゃなかった。こりゃまた失礼しました」

これが始まりだから、あそこで小松が追い出さなかったら、できなかった。


このような逸話を楽しそうに語っていました。

事実は異なるんです。

僕は、その覚えはありません。だって、その「お呼びでない」のコントは、セールスマンのとき、横浜のビアホールでビールジョッキ片手に「ウハハハハッ」って見てたんですから。そもそも聡明な植木等が、そんな間違いをおかすはずがありません。

思うに、親父さん、弟子の小松のため、手柄話に仕立ててやろう、とテレビ番組に出た

ときなどに話しているうち、ご本人もそうだったかな、と思い込むようになり、世の中に出回ったエピソードだと思います。

「親父さん、あれは違いますよ」

そう、いつか言おうと思いながら、とうとう機を逸してしまいました。

僕をどう見ていたか

親父さんが亡くなってから、『植木等伝「わかっちゃいるけど、やめられない！」』（戸井十月著 小学館）という評伝が出版されました。

この本に親父さんが、僕のことに触れた部分があります。

〈こいつは、今までのつき人とはちょっと違うなと思ったね。セールスマンでやってきたくらいだから、やることとなすこと実にキチッとしているわけ。〉

これだけ評価してもらえているとは思いませんでした。

僕はすっかり忘れていましたが、20代の若造が生意気にも天下の植木等に意見したこともあったようです。

〈日劇なんかに出ている時はね、アロハシャツに半ズボンにゴム草履なんかで通うわけ。どうせ行き帰りは車なんだしね。でも小松は、〝おやっさん、その恰好は具合悪いですよ。ちゃんと背広着て、ネクタイしてください〟てなこと言うの。〉

僕の独立の経緯のことも語られていました。

〈何年か経ってね、ひとり立ちさせようと渡邊晋に相談したの。〝社長、僕の所にいる小松政夫って男をよろしく頼みます〟って。〝モノになるか?〟って訊くから〝なります!〟って答えたら、〝お前がそう言うなら、いいよ〟ってことになって、その場でナベプロ所属の芸人として独立させてやったわけ。〉

遺作

無責任男のイメージがあまりに強く、その後、俳優として色々な役を演じて、玄人筋には高く評価されたけれど、無責任男の大看板は消えない。

親父さんは一時期、このことを嫌がっていたようでしたが、老境に至って考えを改め、消えてはならない、と達観するようになったといいます。

笑いと明るさが植木等の身上なんだ、と。

亡くなった年、平成19年の6月に公開された映画『舞妓Ｈａａａｎ！！！』が親父さんの遺作となりました。監督が水田伸生さん、脚本が宮藤官九郎さん。阿部サダヲさんの演じるサラリーマンが京都祇園の舞妓と野球拳をするという夢を追う映画です。第31回日本アカデミー賞で主演男優賞、助演男優賞、脚本賞優秀賞を受賞しています。アメリカでも公開された作品です。

親父さんは西陣の社長役の特別出演です。

撮影現場では車椅子でボンベの酸素を吸っているのに、カメラが回ると、立ち上がり、しゃんとして歩き出したそうです。

この映画の親父さんは、洒脱だけれど、威厳がある。そんな京都の大店の旦那を見事に演じ切っていました。

出演シーンはたったひとつ。

川沿いの小道を、ご隠居風の植木等が肩に杖を担ぎながら歩いて来る。

ヨロけて、倒れそうになるその直後、なじみの舞妓を見つける。

「お、駒子ちゃんやないか」

「こんにちは」

「きれいになって……」

「そんな言うて、斎藤はん、うちにもお花つけておくれやす」

「ウハハハハハ、かなわんな。……こんどな」

「おおきに」

「駒子ちゃん、これ何」

おもむろに杖を持ち上げる。

「……ステッキどす、な」

「うれしいな、わてがそんなステキかいな、ハハハハハ」

バックにかすかに流れる三味線の『スーダラ節』。

アドリブの小唄を口ずさみながら、杖を突きながら立ち去っていく後姿。

僕の目に、その和服の老人は植木等その人にも見え、老成した無責任男のようにも思えました。

ラストシーンの後、エンドロールが流れ、最後にこんな言葉が出ます。

植木等さん
日本に笑いと元気を、ありがとうございました。

幕引きの挨拶

親父の名字で生きてます

僕は実の父を13歳で亡くしてますから、「親父さん」といえば、植木等が浮かびます。

平成28年に『親父の名字で生きてます』っていう曲でCDデビューしました。『デンセンマンの電線音頭』『しらけ鳥音頭』のころはCDというものがなかったため、人生初のCDのリリースです。『親父の名字で生きてます』というタイトルは、植木等の庇護のもと今まで来たなという、感謝を込めたものです。人生の機微を歌う歌謡曲です。お話をいただいたとき、こんな機会を与えてくれてとても恵まれている。この歌を必ず自分のものにしたい。親父さんの墓前に報告したいと思いました。

カップリングには、50年前に植木さんが園まりさんとデュエットした『あんたなんか』のリメイク版を収録しました。自分の歌声を聞いたら、我ながら驚くほど植木等の声になっていました。植木さんから、「オレのマネはしちゃダメだ」と言われてきたんですけどね。CDデビューも果たせましたし、あとはコメディアンとしての集大成というか、「小松の親分」とか「電線音頭」とか、いまだに忘れてない方がいらっしゃるんだったら、そんなものをまとめてショーにして、全国回りをするようなことができればいいな、と思ってます。

僕も年齢はそこそこいっていますが、今だってライブをやれば、誰にも負けないくらいのネタはあるぞ、と自信はあるんです。

僕に言わせれば、コメディアンとして、これからが一番いい時期なんです。笑いのあとには涙あり。涙があって笑いがある。これが基本ですよね。腹から笑わせておいて、あとでホロッとさせる。白髪を振り乱し、汗かいて、ハアハア言いながらやるのがいい。「あの年で、やるな」って思わせたい。あとは体が続くかどうか。勝負ですね。でも、椅子に座ったっきり、口で誰かを攻撃するとか、あまり得意なほうじゃないですから。走り回って、汗かいて、芸で笑わせたい。ひとり芝居もやる。宴会芸の数々もやる。

何なら本物の宴会にしたっていい。「これから先のやつは、ちょっとシラフでは見てられない類のものなんで、表に酒が用意してありますので、みなさん、一杯ひっかけてから、またお入りください」とアナウンスして、酒を振る舞っちゃう。

子供のとき、自宅の2階でカーテンを張ってステージを作り、同級生や仲間を集め、ひとり芝居を見せたり、瞬間芸を見せたりしていました。あれを復活したいんです。これまで学んだことを活かして、「雅坊演芸会」を再演したいなって。それができれば、あとはいつでもいいんじゃないですかね。

僕も親父さんの亡くなった年齢が近づきました。このごろ、親父さんのニッコリ笑った顔をよく思い出します。いつも浮かぶ、お茶目な顔があるんですよ。懐かしいです。そのうち向こうに行ったら、杯を傾けてみたいですね。親父さん、あっちの世界では甘酒くらいは飲めるようになっているといいんですが。

平成29年9月吉日

小松政夫

❖ 参考文献

『植木等伝「わかっちゃいけるどやめられない！」』戸井十月著　小学館文庫
『植木等と藤山寛美』小林信彦著　新潮社
『おもしろい人に会ったよ』小松政夫著　コスモの本
『芸能ビジネスを創った男——渡辺プロとその時代』野地秩嘉著　新潮社
『日本の喜劇人』小林信彦著　新潮社
『のぼせもんやけん』小松政夫著　竹書房
『のぼせもんやけん2』小松政夫著　竹書房
『目立たず隠れずそおーっとやって20年』小松政夫著　婦人生活社
『夢を食いつづけた男　おやじ徹誠一代記』植木等著　朝日文庫
『わかっちゃいけるど……シャボン玉の頃』青島幸男著　文春文庫
「別冊宝島　植木等と昭和の時代」宝島社

『笑芸人』平成15年1月号
『せりふの時代』平成11年11月号
『文藝春秋』平成23年1月号「弔辞　劇的な人生に鮮やかな言葉」

※本書の内容につきましては、できる限りの事実確認を行っておりますが、
記憶に頼り収録している部分もあります。また、一般の方のプライバシーに配慮し、
設定などを若干変更している部分もあります。あらかじめご了承ください。

昭和と師弟愛
植木等と歩いた43年

2017年9月28日　初版発行

著　者　小松政夫
発行者　塚田正晃
発　行　株式会社 KADOKAWA
〒102-8177　東京都千代田区富士見2-13-3
プロデュース　アスキー・メディアワークス
〒102-8584　東京都千代田区富士見1-8-19
電話 03-5216-8082（編集）
電話 03-3238-1854（営業）
印刷・製本　大日本印刷株式会社

ISBN978-4-04-893350-6　C0095

小社ホームページ　http://www.kadokawa.co.jp/
編集ホームページ　http://asciimw.jp/
アスキー・メディアワークスの単行本　http://amwbooks.asciimw.jp/

JASRAC 出 1710042-701

カバー＆本文デザイン　平林亜紀（micro fish）